金融业“营改增”新政与税收筹划

New Policy to Replace BT with VAT and Tax Planning of Financial Industry

中财税务 · 新知丛书

蔡 昌◎著

中国财经出版传媒集团
中国财政经济出版社

图书在版编目（CIP）数据

金融业“营改增”新政与税收筹划／蔡昌著．—北京：中国财政经济出版社，2016.6

（中财税务·新知丛书）

ISBN 978－7－5095－6762－3

Ⅰ.①金…　Ⅱ.①蔡…　Ⅲ.①金融业－增值税－税收管理－研究－中国　Ⅳ.①F812.423

中国版本图书馆 CIP 数据核字（2016）第117020号

责任编辑：樊清玉　　责任校对：杨瑞琦

封面设计：智点创意　　版式设计：录文通

中国财政经济出版社 出版

URL：http：//ckfz.cfeph.cn

E－mail：ckfz＠cfeph.cn

社址：北京市海淀区阜成路甲28号　邮政编码：100142

营销中心电话：010－88190406

天猫网店：中国财政经济出版社旗舰店

网址：https：//zgczjjcbs.tmall.com

北京时捷印刷有限公司印刷　各地新华书店经销

787×1092毫米　16开　9印张　160 000字

2016年9月第1版　2016年9月北京第1次印刷

定价：36.00元

ISBN 978－7－5095－6762－3/F·5440

（图书出现印装问题，本社负责调换）

质量投诉电话：010－88190744

打击盗版举报热线：010－88190492、QQ：634579818

序　　言

这是生长萌动的时代，这是变革创新的时代，这是迸发思想的时代。我们既注重理论探索，又崇尚实践创新。没有理论支持的实践注定是莽撞行为，没有实践佐证的理论终究是纸上谈兵。

“中财税务·新知丛书”是由中国财政经济出版社与中央财经大学税收筹划与法律研究中心联合策划的一套传播财税新知、弘扬财税思想、挖掘前沿理论、解剖实践案例的一套兼有前瞻性与务实性特征的原创性著作。

我们在这套丛书中策划了以下专题性著作：《国际税收筹划：理论分析与全球实践》《现金流战略：财务思维与价值管理》《税控原理：战略、风险与实际税负》《税收筹划 16 招》《金融业“营改增”新政与税收筹划》《建筑、房地产业“营改增”新政与税收筹划》等，未来陆续会有更多的著作纳入这套丛书。

这次出版的《金融业“营改增”新政与税收筹划》《建筑、房地产业“营改增”新政与税收筹划》两本著作，是在国家全面推开“营改增”试点改革后出版的两本关于增值税方面的专题性著作。这两本著作脱胎于“营改增”专题讲座，是作者在清华大学总裁班、建筑房地产行业协会、商业银行等讲授“营改增”新政与税收筹划基础上编撰而成，尝试在简约风格框架下把经典案例和新政解析相结合。我在接受《新理财》杂志记者采访时说过这样一句话：全面推行“营改增”，其价值在于“公平透明、减税增信”。在国家治理的新时期，抓住时代机遇，创造一个公平透明的货劳税制度，增强社会各界的税收信用度，是我们财税领域各位同仁的共同责任。希望这两本著作能够引起读者对“营改增”的关注和兴趣。

蔡　昌

2016 年 8 月 8 日记于中央财经大学

目　录

第 1 讲

“营改增”的基础作用与增值税原理

中国宏观经济与社会发展

□ **中国宏观经济态势**

1. 经济新常态五大特征：放缓增长速度、经济虚拟化、经济国际化、信息社会化、实现经济稳健发展。

2. 供给侧机构性改革：不仅强调需求，也注重供给视角以及需求与供给相结合，使供给更好地满足需求，旨在调整经济结构。

□ **金融政策**

降低利率 + 调整汇率 + 互联网金融

□ **财税政策**

财政体制调整 +“营改增”+“个税改革”

“营改增”进程与形势

按照《中华人民共和国国民经济和社会发展第十二个五年规划纲要》确定的税制改革目标，到“十二五”末（即2015年年底）完成重要税改项目——增值税“扩围”。

即“扩大增值税征收范围，相应调减营业税等税收”，实务中简称“营改增”。

2011年，经国务院批准，财政部、国家税务总局联合下发营业税改增值税试点方案：财税［2011］110号、财税［2011］111号文件。

“营改增”的目的

- 消除重复征税
- 减轻企业税负
- 调整产业结构
- 完善税收制度

十二届全国人大三次会议，李克强作政府工作报告称：“2015年力争全面完成‘营改增’，提请修订税收征管法。”

十三届全国人大：自2016年5月1日，全面推开“营改增”。

“营改增”历程

2014 年 5 月，《求是》杂志刊登李克强总理的重磅文章——《关于深化经济体制改革的若干问题》，李克强总理提出“营改增”五步曲。

第一步：2014 年继续实行“营改增”扩大范围；

第二步：2015 年基本实现“营改增”全覆盖；

第三步：进一步完善增值税税制；

第四步：完善增值税中央和地方分配体制；

第五步：实行增值税立法。

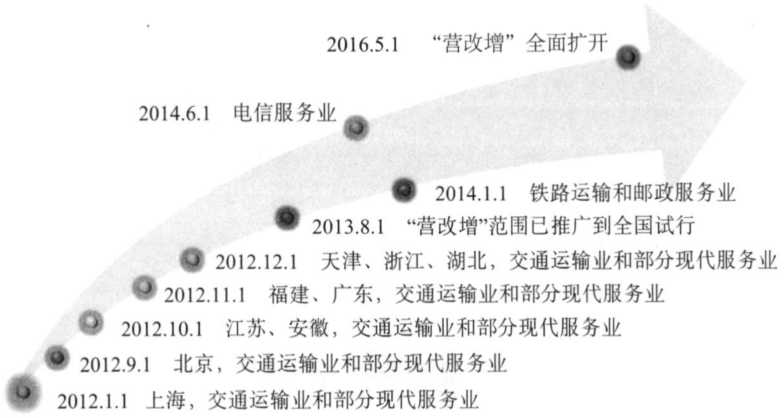

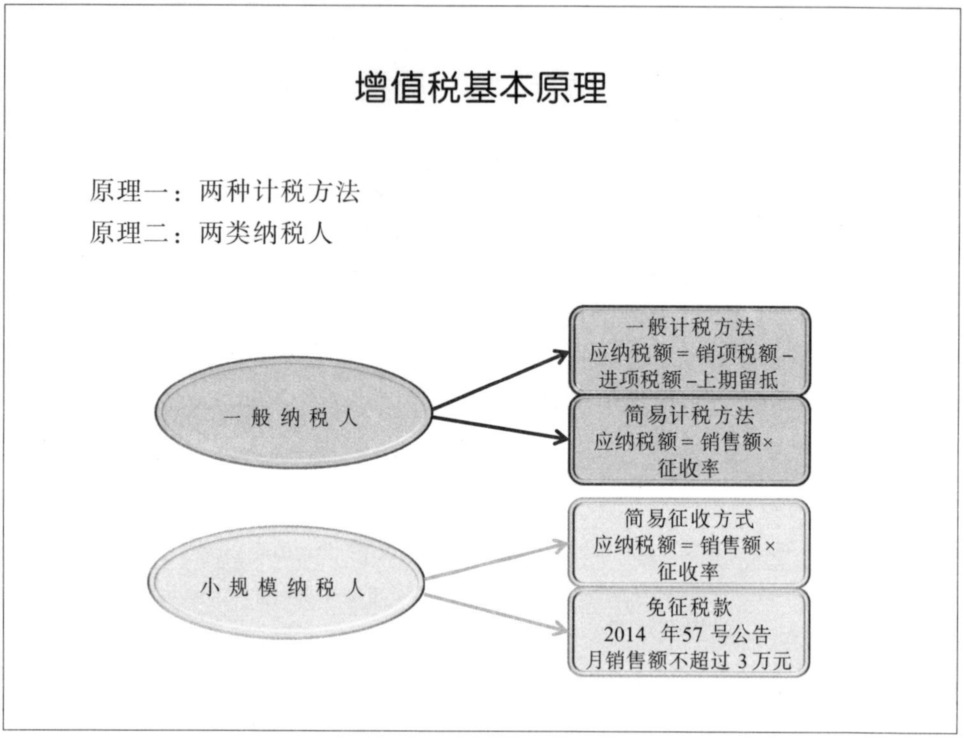
增值税基本原理
原理一：两种计税方法
原理二：两类纳税人
一般纳税人
一般计税方法
应纳税额＝销项税额－进项税额－上期留抵
简易计税方法
应纳税额＝销售额×征收率
小规模纳税人
简易征收方式
应纳税额＝销售额×征收率
免征税款
2014 年57 号公告
月销售额不超过 3万元

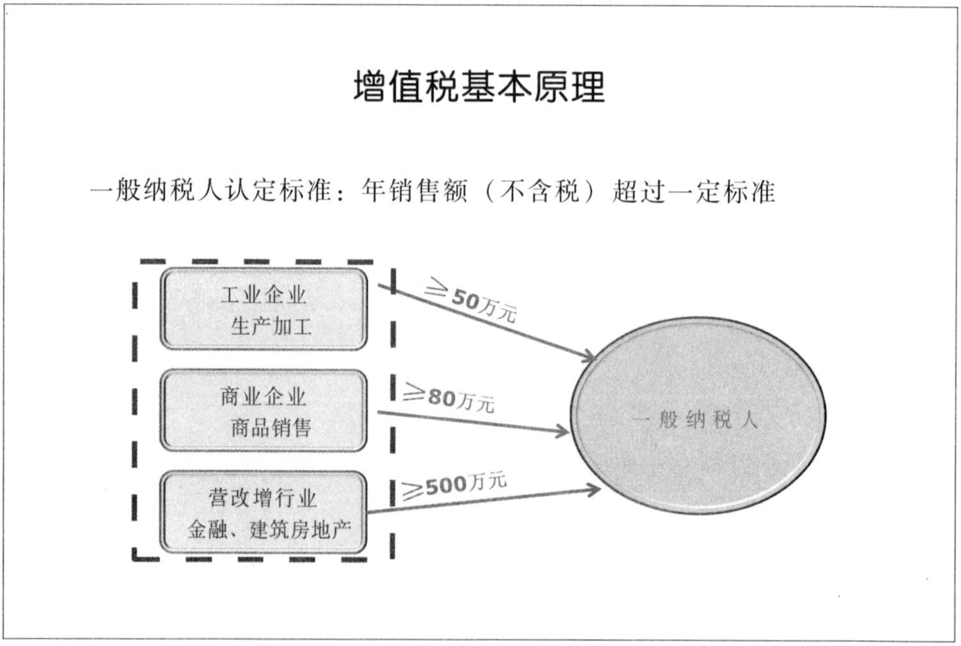
增值税基本原理
一般纳税人认定标准：年销售额（不含税）超过一定标准
工业企业
生产加工
商业企业
商品销售
营改增行业
金融、建筑房地产
≥50万元
≥80万元
≥500万元
一般纳税人

增值税与营业税之间的区别

项　目	营业税	增值税
价税核算方法	➢ 价内税，月末按税种合并计算 ➢ 部分税种未实际产生收入，也缴税	➢ 销售收入，均需要逐笔进行价税分离 ➢ 月末按业务品种对应和税率进行汇总
是否开销项票	➢ 不需要逐笔开具销项票 ➢ 需要开具发票	➢ 需要逐笔开具销项票 ➢ 需要通过金税系统进行发票的开具
总账记账方式	➢ 不进行价税分离，直接记入总账	➢ 逐笔业务价税分离后，再记入总账
缴税数据来源与归集	➢ 会计视角的总账系统（报表）+业务系统数据统计	➢ 税务视角的总账（报表）+金税系统+税管系统
是否涉及进项抵扣	➢ 不涉及，营业税可作为费用	➢ 涉及，且需要金税系统认证进项 ➢ 进项抵扣有时限性要求

“营改增”开启增值税新时代

中国“营改增”开启增值税新时代，抵扣链条趋于完整，税制迈向公平。

第2讲

“营改增”新政（一）

——金融服务

金融业历史与行业特征

金融业发展历史

金融业最早起源于公元前2000年度古巴比伦寺庙管理，以及公元前6世纪时期希腊的货币保管和收取利息的放款业务。时至今日，金融业的发展已经呈现出多元化的特征。

金融业是指经营金融商品的特殊行业，它包括银行业、保险业、信托业、证券业和租赁业。金融业具有高风险、垄断性、高负债的特点，其发展与人们的生活息息相关。

中国金融业“营改增”变革

面对中国经济新常态，针对经济周期变化，中国政府提出供给侧结构性改革，要求从需求和供给相配合角度，有效调整经济结构，推动产业升级转型。正是在这种社会经济背景下，中国率先在金融业实施“营改增”，即将金融业纳入增值税征收范围。这不仅是金融业的一次重大税制改革，同时也是世界范围内金融领域第一次大规模采用增值税制度的变革，中国将为世界增值税制度建设提供研究样本和实践案例。

金融业“营改增”特征

□ 营改增”作为税制改革的重要一步，对规范金融业的整体发展、保持上下游行业税收链条的完整性和构建新型增值税制度体系将发挥积极作用。

□ “营改增”对金融企业的财务核算体系、增值税管理平台、定价策略与模式等提出新的要求。但由于金融业业态复杂、产品创新快，导致此次金融业“营改增”试点改革不彻底，体现在以下方面：一是对于下游企业而言，贷款服务利息支出、金融商品转让不能抵扣进项税额；二是与贷款服务相关的费用支出也不能抵扣进项税额。

“营改增”带给金融业的影响

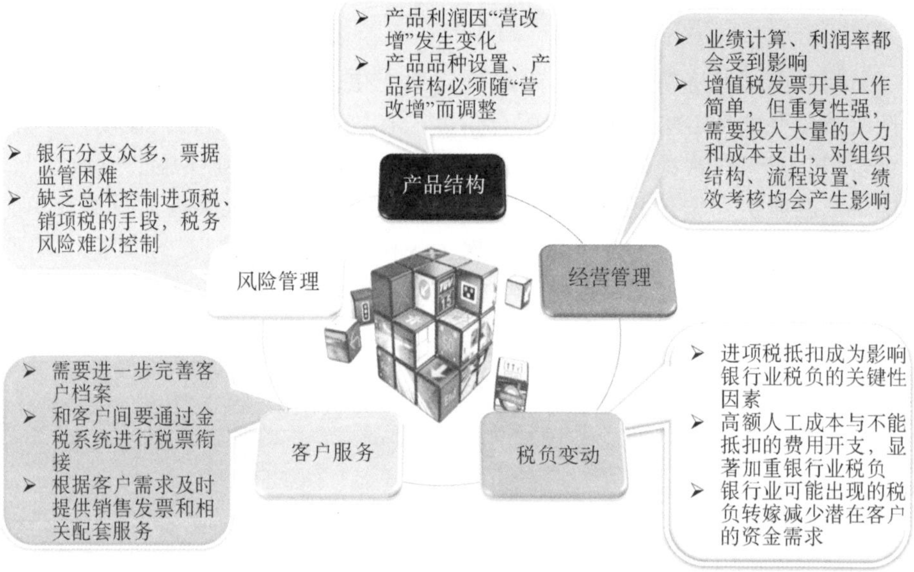

“营改增”对银行业的影响

中国银行业正处于多重经营冲击叠加的转型攻坚阶段，利率市场化提速不断挤压传统融资业务盈利空间，资本市场直接融资的快速发展和互联网金融的跨界冲击持续分流资金和客户。

面对产业升级和经济结构调整，“营改增”和利率下调政策使得银行业的盈利空间收窄、利润增速骤降，银行业在产品结构、经营管理等方面受到巨大冲击。这加剧了宏观经济金融转型的难度，金融机构必须进行前瞻性税收筹划。

“营改增”对银行业的影响

案例解读“营改增”对银行业的影响

【案例1】 2016年5月16日，中国工商银行在其网站发布通知称，该行从6月1日起不再受理新的个人账户综合理财业务，这与“营改增”密不可分。“营改增”实施后，企业税法要求收支两条线，原来理财收益抵偿贷款利息的做法开始有了障碍，存款利息在新政后必须直接给到客户。

【案例2】 新时期，银行账户债券投资、买入返售、票据贴现等业务规模不断增长，固定资产投资不断下降，则银行的实际税负水平将显著增长。

“营改增”对金融机构的影响

“营改增”不仅仅是实现增值税开票系统与银行业务系统的有效衔接和解决在衔接过程中出现的硬件、软件等问题，也不是通过简单的咨询，制订相应的增值税开票流程和规范工作人员业务行为，而是一次彻底的财税变革过程。

金融机构是多法人结构，所有网点全部完成业务整理并形成规范的申报缴纳数据，对金融企业的人力资源要求高，税收遵从成本大幅度增长。

金融业机构收入分散但支出集中而造成进销项不匹配问题。在增值税制度下，没有统一的税收筹划导致隐形税负大为增加。风险管理不能覆盖所有的应税环节，也会带来税务风险。

增值税的征收范围

《财政部、国家税务总局关于全面推开营业税改征增值税试点的通知》（财税［2016］36号）规定，在中华人民共和国境内销售服务、无形资产或者不动产（以下称应税行为）的单位和个人，为增值税纳税人，应当按照本办法缴纳增值税，不缴纳营业税。

中华人民共和国境外单位或个人在境内发生应税行为，在境内未设有经营机构的，以购买方为增值税扣缴义务人。

在境内销售服务、无形资产或者不动产，是指：

（一）服务（租赁不动产除外）或者无形资产（自然资源使用权除外）的销售方或者购买方在境内；

（二）所销售或者租赁的不动产在境内；

（三）所销售自然资源使用权的自然资源在境内；

（四）财政部和国家税务总局规定的其他情形。

下列情形不属于在境内销售服务或者无形资产：

1. 境外单位或者个人向境内单位或者个人销售完全在境外发生的服务；
2. 境外单位或者个人向境内单位或者个人销售完全在境外使用的无形资产；
3. 境外单位或者个人向境内单位或者个人销售完全在境外使用的有形动产；
4. 财政部和国家税务总局规定的其他情形。

金融服务的征收范围

金融服务，是指经营金融保险的业务活动。包括贷款服务、直接收费金融服务、保险服务和金融商品转让。金融服务各税目的增值税征收政策各不相同，因此，实际操作时要妥善将业务划分至对应税目并进行正确的纳税处理。

值得注意的是，符合条件的政府性基金、行政事业性收费、员工为本单位或者雇主提供取得工资的金融服务、单位或者个体工商户为聘用的员工提供金融服务等非经营活动中提供的金融服务，不在征收范围之内。

另外，不可忽视金融业多种类型的“视同销售”行为。

金融服务的征收范围

1. 贷款服务

贷款，是指将资金贷与他人使用而取得利息收入的业务活动。

（1）各种占用、拆借资金取得的收入，包括金融商品持有期间（含到期）利息（保本收益、报酬、资金占用费、补偿金等）收入、信用卡透支利息收入、买入返售金融商品利息收入、融资融券收取的利息收入，以及融资性售后回租、押汇、罚息、票据贴现、转贷等业务取得的利息及利息性质的收入，按照贷款服务缴纳增值税。

（2）融资性售后回租，是指承租方以融资为目的，将资产出售给从事融资性售后回租业务的企业后，从事融资性售后回租业务的企业将该资产出租给承租方的业务活动。

（3）以货币资金投资收取的固定利润或者保底利润，按照贷款服务缴纳增值税。

2. 直接收费金融服务

为货币资金融通及其他金融业务提供相关服务并且收取费用的业务活动。

包括提供货币兑换、账户管理、电子银行、信用卡、信用证、财务担保、资产管理、信托管理、基金管理、金融交易场所（平台）管理、资金结算、资金清算、金融支付等服务。

3. 保险服务

投保人根据合同约定，向保险人支付保险费，保险人对于合同约定的可能发生的事故因其发生所造成的财产损失承担赔偿保险金责任，或者当被保险人死亡、伤残、疾病或者达到合同约定的年龄、期限等条件时承担给付保险金责任的商业保险行为。

（1）**人身保险服务：**以人的寿命和身体为保险标的的保险业务活动。

（2）**财产保险服务：**以财产及其有关利益为保险标的的保险业务活动。

4. 金融商品转让

（1）金融商品转让：转让外汇、有价证券、非货物期货和其他金融商品所有权的业务活动。

（2）其他金融商品转让：包括基金、信托、理财产品等各类资产管理产品和各种金融衍生品的转让。

纳税人身份确定

纳税人发生应税金融服务的年应征增值税销售额（简称应税销售额）超过财政部和国家税务总局规定标准的纳税人为一般纳税人，未超过规定标准的纳税人为小规模纳税人。

对于发生金融业服务而言，年应征增值税销售额标准为500万元。

【政策要求】（1）发生金融业服务的纳税人应税服务的年销售额超过500万元，应当向主管税务机关申请增值税一般纳税人资格登记。

（2）一般纳税人的认定标准不适用其他个人。年应税销售额超过规定标准但不经常发生应税行为的单位和个体工商户可选择按照小规模纳税人纳税。

（3）年应税销售额未超过规定标准的纳税人，会计核算健全，能够提供准确税务资料的，可以向主管税务机关办理一般纳税人资格登记，成为一般纳税人。

【注释】“年应税销售额”是指纳税人在连续不超过12个月的经营期内累计应征增值税销售额，含减、免税销售额、发生境外应税行为销售额以及按规定已从销售额中差额扣除的部分。

税率及征收率

（一）一般纳税人提供金融服务适用的税率为6%。

（二）一般纳税人提供金融服务实行简易征收时，征收率为3%。

（三）小规模纳税人提供金融服务，征收率为3%。

（四）境外单位或者个人在境内发生应税金融服务，在境内未设有经营机构的，境内购买人作为扣缴义务人履行扣缴义务时按照金融服务的适用税率6%扣缴增值税，而不适用简易征收及征收率。

农村信用社、村镇银行、农村资金互助社、由银行业机构全资发起设立的贷款公司、法人机构在县（县级市、区、旗）及县以下地区的农村合作银行和农村商业银行提供金融服务收入，可以选择适用简易计税方法按照3%的征收率计算缴纳增值税（财税［2016］46号）。

税率及征收率

对中国农业银行纳入“三农金融事业部”改革试点的各省、自治区、直辖市、计划单列市分行下辖的县域支行和新疆生产建设兵团分行下辖的县域支行（县事业部），提供农户贷款、农村企业和农村各类组织贷款取得的利息收入，可以选择适用简易计税方法按照 3% 的征收率计算缴纳增值税。

一般计税方法

一般计税方法的应纳税额按以下公式计算：

应纳税额 = 当期销项税额 - 当期进项税额

当期销项税额小于当期进项税额不足抵扣时，其不足部分可以结转下期继续抵扣。

销项税额计算公式：销项税额 = 销售额 × 税率（6%）

含税销售额的价税分离公式：

销售额 = 含税销售额 ÷（1 + 税率）

进项税额，是指纳税人购进货物、加工修理修配劳务、服务、无形资产或者不动产，支付或者负担的增值税额。“营改增”后，金融业实行一般计税方法，购进的不动产、货物、无形资产和服务等产生的进项税额可以抵扣。

【案例】天津某商业银行乙是增值税一般纳税人，于 2016 年 6 月 16 日与个人客户甲在天津营业机构签订一份贷款合同，合同规定乙银行于合同签订当日向甲贷出人民币 50000 元整，贷款期限为一年，约定贷款年利率为 10.6%，并约定甲于 5 月份先支付一半的利息即 2650（50000 × 10.6% × 50%）元。该笔业务的含税销售额：2650 元。

【分析】

不含税销售额：2650 ÷（1 + 6%）= 2500（元）

对应的增值税销项税额：2500 × 6% = 150（元）

简易计税方法

简易计税方法操作要点

按照销售额和征收率计算应缴纳的增值税额，不得抵扣进项税额。应纳税额计算公式：

应纳税额 = 销售额 × 征收率

简易计税方法下的销售额不包括应纳税额，纳税人采用销售额和应纳税额合并定价方法的（即含税价），按照下列公式计算销售额：

销售额 = 含税销售额 ÷（1 + 征收率）

小规模纳税人的简易征收方式

小规模纳税人的应纳税额计算也采用简易计税方法。

若小规模纳税人提供的应税金融服务未达到起征点，免征增值税；达到起征点的，全额计算缴纳增值税。

增值税小规模纳税人，月销售额或营业额不超过 3 万元（含），免征增值税；对于银行、财务公司、信用社、信托投资公司等以 1 个季度为纳税期限的增值税小规模纳税人，季度销售额不超过 9 万元的，免征增值税。

销售额——基本规定

纳税人的营业额为纳税人提供金融服务收取的全部价款和价外费用，财政部和国家税务总局另有规定的除外。

价外费用是指服务本身定价之外的各种性质的收费，但不包括以下项目：

1. 代为收取并符合规定的政府性基金或者行政事业性收费；

2. 以委托方名义开具发票并代其收取的款项。如代收电话费、水电煤气费、信息费、学杂费、寻呼费等。

销售额——具体规定

应税服务	销售额确认方法	销售额具体内容	备注
贷款服务	全额计税	提供贷款服务取得的全部利息及利息性质的收入	包括加息、罚息和转贷利息收入
融资性售后回租	差额计税	符合条件的，按照差额确认销售额	若相抵后出现负差，可结转下期抵减销售额，但不得转入下一会计年度
直接收费金融服务	全额计税	提供直接收费金融服务收取的手续费、佣金、酬金、管理费、服务费、经手费、开户费、过户费、结算费、转托管费等各类费用	接受服务方，拿到合法的专用发票，允许抵扣进项税额
保险服务	全额计税	提供保险服务按照保险合同向投保人收取的保费收入	包含再保险保费收入

销售额——具体规定

应税服务	销售额确认方法	销售额具体内容	备注
金融商品转让	差额计税	按照卖出价扣除买入价后的余额为销售额。转让金融商品出现的正负差，按盈亏相抵后的余额为销售额。需要注意的是，对于银行买卖金银，由于金银属特殊商品，应按照17%的税率缴纳增值税，并不是按照金融商品转让税目征税	若相抵后出现负差，可结转下一纳税期与下期转让金融商品销售额相抵，但年末时仍出现负差的，不得转入下一个会计年度。 金融商品的买入价，可以选择按照加权平均法或者移动加权平均法进行核算，选择后36个月内不得变更

销售额——其他规定

1. 货币转换

增值税销售额是以人民币为计量单位的。对于从事提供跨国金融服务的纳税人，按照人民币以外的货币结算销售额的，需要可以选择销售额发生的当天或者当月1日的人民币汇率中间价为折算率，将销售额折合成人民币计算。上述两种折合率，纳税人应提前确定且确定后12个月内不得变更。

2. 兼营

纳税人兼营不同税率或不同征收率的销售货物、提供加工修理修配劳务或销售服务的情况，需要分别核算适用不同税率或者征收率的销售额；未分别核算的，从高适用税率。另外法规中也规定，纳税人兼营免税、减税项目的，应当分别核算免税、减税项目的销售额；未分别核算的，不得免税、减税。

销售额——其他规定

3. 混合销售

如果一项销售行为如果既涉及金融服务又涉及货物，为混合销售。从事货物的生产、批发或者零售的单位和个体工商户的混合销售行为，按照销售货物缴纳增值税；其他单位和个体工商户的混合销售行为，按照销售服务缴纳增值税。对银行等专业金融机构而言，其主营业务为贷款、直接收费金融服务等，因此，其所涉及的混合销售应该按照销售金融服务缴纳增值税。

4. 折扣

同销售货物或其他服务一样，纳税人在提供应税金融服务时，若将价款和折扣额在同一张发票上分别注明的，则以折扣后的价款为销售额；若未在同一张发票上分别注明的，将以价款全额为销售额，不得扣减折扣额。

例如，银行、保险公司等金融机构，为了提高业务量、吸引顾客，给予一些新办卡客户、贷款客户、投保人一些费用上的优惠，此时注意在开具发票时将折扣额分别注明在金额栏，才能按照折扣后的金额确认销售额。

5. 视同销售

单位或者个体工商户向其他单位或者个人无偿提供应税金融服务（但用于公益事业或者以社会公众为对象的除外），应该视同提供应税金融服务，应该纳入金融服务的征税范围。银行向办卡客户免费赠送小礼品、向新开户客户免除年费、银行卡消费积分换购等情况按照增值税法规都属于视同销售。

6. 销售贵金属

销售实物贵金属业务需要缴纳增值税，销售额为贵金属的不含税销售额。

计算公式为：销项税额 = 当期不含税销售额 × 17%

7. 销售自己使用过的固定资产

（1）对于销售购进时未抵扣进项税的固定资产，应按简易办法依照3%征收率减按2%征收增值税，且不得开具增值税专用发票。具体公式为：

销项税额 = 当期含税销售额 ÷（1 + 3%）× 2%

（2）对于购进时已抵扣进项税的固定资产，按照适用税率17%计算销项税。

计算公式为：销项税额 = 当期不含税销售额 × 17%

银行业增值税计算案例

背景资料：

某银行一级分行——A 分行（增值税一般纳税人），从事“存金通”、“传世之宝”品牌金的自销业务。A 分行所在省税务局规定，从事实物黄金交易业务，增值税预征率为零。

A 分行 2016 年 6 月增值税事项如下：

1. A 分行 6 月取得贷款利息收入 3500 万元；中间业务收入 1000 万元；

2. A 分行 6 月金融商品买卖收入：全部 6 家辖属分行买卖正差之和为 200 万元；

3. A 分行于 6 月购入一批贵金属作为职工抽奖的奖品，增值税发票注明价款 150000 元，增值税 25500 元；

4. A 分行及辖内各分支行 6 月“存金通”、“传世之宝”品牌金的销售收入（不含税）共计 5000000 元，不包括客户提金时支付的补差 60000 元（不含税）。A 分行 6 月从总行清算中心取得相应增值税专用发票 60 张，进项税额为 560000 元；

5. A 分行于 6 月从某电脑生产厂商处取得的作为抵债资产的一批未使用过的笔记本电脑进行拍卖，获得含税价款 300000 元；取得该抵债资产时，生产厂商向 A 分行开具了增值税专用发票，该发票通过认证并于当月进行了抵扣；

6. A 分行 6 月处置了部分使用过的固定资产，取得含税收入 72100 元（原值为 140000 元）。该固定资产购于 2007 年 4 月 30 日，购入时取得的增值税发票未进行抵扣；

7. A 分行 6 月购入一批机械设备，增值税专用发票注明设备价款 100 万元，增值税 17 万元，买入大楼一栋，取得的增值税专用发票注明大楼价款 2000 万元，增值税额 220 万元。

【案例分析】

1. 贷款利息收入、中间业务收入征收增值税。当期销项税额 $=3500\div(1+6\%)\times6\%+1000\div(1+6\%)\times6\%=254.71$（万元）

2. 金融商品买卖收入按买卖差价征收增值税：应纳税额 $=200\div(1+6\%)\times6\%=11.32$（万元）

银行业增值税计算案例

3. A 分行将外购的贵金属产品发放员工用于个人消费，取得的增值税专用发票不得抵扣进项税。

4. 实物贵金属销售征收增值税。

当期销项税额 =（5000000 + 60000）× 17% = 860200（元）

当期进项税额 = 560000 元

5. 处置未使用过的抵债电脑：销项税额 = 300000 ÷（1 + 17%）× 17% = 43589.74（元）

6. 处置自己使用过的固定资产：一般纳税人销售自己使用过的、不得抵扣且未抵扣进项税额的固定资产，按简易办法依照 3% 征收率减按 2% 征收增值税。该业务应缴纳增值税额 = 72100 ÷（1 + 3%）× 2% = 1400（元）

7. 购入机器设备，其进项税额可进行全额抵扣。

当期进项税额 = 100 × 17% = 17（万元）

购入大楼一楼，其进项税额自取得之日起分 2 年进行抵扣，第一年抵扣比例为 60%，第二年抵扣比例为 40%。

当期进项税额 = 220 × 60 = 132（万元）

综上，A 分行 6 月应纳税额计算如下：

当期销项税额 = 860200 + 43589.74 + 2547100 = 3450889.74（元）

当期进项税额 = 560000 + 170000 + 1320000 = 2050000（元）

应缴纳增值税额 = 3450889.74 − 2050000 + 1400 + 113200

= 1515489.74（元）

增值税涉及的不征税收入

（一）存款利息

存储在国家规定的吸储机构所取得的存款利息，不征增值税。

（二）被保险人获得的保险赔付

被保险人投保后获得的保险赔付，不征增值税。

增值税优惠政策的类型

（一）免征增值税

（二）增值税即征即退

（三）跨境金融服务优惠

增值税优惠政策——免征增值税

1. 以下利息收入免征增值税：

（1）2016 年 12 月 31 日前，金融机构农户小额贷款。

（2）国家助学贷款。

（3）国债、地方政府债。

（4）人民银行对金融机构的贷款。

（5）住房公积金管理中心用住房公积金在指定的委托银行发放的个人住房贷款。

（6）外汇管理部门在从事国家外汇储备经营过程中，委托金融机构发放的外汇贷款。

增值税优惠政策——免征增值税

（7）“统借统还”业务中，企业集团或企业集团中的核心企业以及集团所属财务公司按不高于支付给金融机构的借款利率水平或者支付的债券票面利率水平，向企业集团或者集团内下属单位收取的利息。

【注意】统借方向资金使用单位收取的利息，高于支付给金融机构借款利率水平或者支付的债券票面利率水平的，应全额缴纳增值税。

2. 金融同业往来利息收入：

（1）金融机构与人民银行所发生的资金往来业务。包括人民银行对一般金融机构贷款，以及人民银行对商业银行的再贴现等。

财税［2016］70 号文件补充下列业务：商业银行购买央行票据、与央行开展货币掉期和货币互存等业务属于《过渡政策的规定》第一条第（二十三）款第 1 项所称的金融机构与人民银行所发生的资金业务。

（2）银行联行往来业务。同一银行系统内部不同行、处之间所发生的资金账务往来业务。

财税［2016］70 号文件补充下列业务：境内银行与其境外的分支机构、全资子公司之间的资金往来业务属于《过渡政策的规定》第一条第（二十三）款第 2 项所称的银行联行往来业务。

（3）金融机构间的资金往来业务。是指经人民银行批准，进入全国银行间同业拆借市场的金融机构之间通过全国统一的同业拆借网络进行的短期（一年以下含一年）无担保资金融通行为。

（4）金融机构之间开展的转贴现业务。

（5）财税［2016］46 号文补充金融机构质押式买入返售金融商品或是持有政策性金融债券取得的利息收入也属于《营业税改征增值税试点过渡政策的规定》第一条第（二十三）项所称的金融同业往来利息收入。

3. 被撤销金融机构以货物、不动产、无形资产、有价证券、票据等财产清偿债务。

4. 保险公司开办的一年期以上人身保险产品取得的保费收入。

一年期以上人身保险：保险期间为一年期及以上返还本利的人寿保险、养老年金保险，以及保险期间为一年期及以上的健康保险。

其中，养老年金保险应当同时符合下列条件：

增值税优惠政策——免征增值税

（1）保险合同约定给付被保险人生存保险金的年龄不得小于国家规定的退休年龄。

（2）相邻两次给付的时间间隔不得超过一年。

5. 下列金融商品转让收入：

（1）合格境外投资者（QFII）委托境内公司在我国从事证券买卖业务。

（2）香港市场投资者（包括单位和个人）通过沪港通买卖上海证券交易所上市A股。

（3）香港市场投资者（包括单位和个人）通过基金互认买卖内地基金份额。

（4）证券投资基金（封闭式证券投资基金，开放式证券投资基金）管理人运用基金买卖股票、债券。

（5）个人从事金融商品转让业务。

（6）财税［2016］70号文件补充以下业务：人民币合格境外投资者（RQFII）委托境内公司在我国从事证券买卖业务，以及经人民银行认可的境外机构投资银行间本币市场取得的收入属于《过渡政策的规定》第一条第（二十三）款所称的金融商品转让收入。

6. 国家商品储备管理单位及其直属企业承担商品储备任务，从中央或者地方财政取得的利息补贴收入和价差补贴收入免征增值税。

7. 同时符合下列条件的担保机构从事中小企业信用担保或者再担保业务取得的收入（不含信用评级、咨询、培训等收入）3年内免征增值税：

（1）已取得监管部门颁发的融资性担保机构经营许可证，依法登记注册为企（事）业法人，实收资本超过2000万元。

（2）平均年担保费率不超过银行同期贷款基准利率的50%。

（3）连续合规经营2年以上，资金主要用于担保业务，具备健全的内部管理制度和为中小企业提供担保的能力，经营业绩突出，对受保项目具有完善的事前评估、事中监控、事后追偿与处置机制。

（4）为中小企业提供的累计担保贷款额占其两年累计担保业务总额的80%以上，单笔800万元以下的累计担保贷款额占其累计担保业务总额的50%以上。

（5）对单个受保企业提供的担保余额不超过担保机构实收资本总额的10%，且平均单笔担保责任金额最多不超过3000万元人民币。

（6）担保责任余额不低于其净资产的3倍，且代偿率不超过2%。

增值税优惠政策——免征增值税

担保机构免征增值税政策采取备案管理方式。符合条件的担保机构应到所在地县（市）主管税务机关和同级中小企业管理部门履行规定的备案手续，自完成备案手续之日起，享受 3 年免征增值税政策。

3 年免税期满后，符合条件的担保机构可按规定程序办理备案手续后继续享受该项政策。

8. 跨境金融服务免征增值税：

（1）境外单位之间的货币资金融通及其他金融业务提供的直接收费金融服务，且该服务与境内的货物、无形资产和不动产无关。

（2）境内的单位和个人为出口货物提供的保险服务，包括出口货物保险和出口信用保险。

增值税的征收管理——纳税义务时间

纳税人发生应税行为并收讫销售款项或者取得索取销售款项凭据的当天；先开具发票的，为开具发票的当天。

收讫销售款项，是指纳税人销售融资租赁服务过程中或者完成后收到款项。取得索取销售款项凭据的当天，是指书面合同确定的付款日期；未签订书面合同或者书面合同未确定付款日期的，为服务、无形资产转让完成的当天或者不动产权属变更的当天。

纳税人提供租赁服务采取预收款方式的，其纳税义务发生时间为收到预收款的当天。

1. 金融企业发放贷款后，自结息日起 90 天内发生的应收未收利息按现行规定缴纳增值税，自结息日起 90 天后发生的应收未收利息暂不缴纳增值税，待实际收到利息时按规定缴纳增值税。

2. 从事金融商品转让，为金融商品所有权转移的当天。

3. 单位或者个体工商户向其他单位或者个人无偿提供金融服务的（用于公益事业或者以社会公众为对象的除外），其纳税义务发生时间为金融服务完成的当天。

增值税的征收管理——纳税地点

固定业户应当向其机构所在地或者居住地主管税务机关申报纳税。

总机构和分支机构不在同一县（市）的，应当分别向各自所在地的主管税务机关申报纳税；

经财政部和国家税务总局或者其授权的财政和税务机关批准，可以由总机构汇总向总机构所在地的主管税务机关申报纳税。

银行、保险公司、证券公司等固定业户总机构和分支机构不在同一县（市）的，应当分别向各自所在地的主管税务机关申报纳税；经财政部和国家税务总局或者其授权的财政和税务机关批准，可以由总机构汇总向总机构所在地的主管税务机关申报纳税。

对于证券经纪人、保险经纪人、提供个人贷款等非固定业户纳税人，一般向金融服务发生地的主管税务机关申报纳税；未申报纳税的，由其机构所在地或者居住地主管税务机关补征税款。

增值税的征收管理——纳税期限

银行、财务公司、信托公司、信用社以及其他经财政部及国家税务总局规定的纳税人，按季度缴纳增值税。

【提醒】增值税扣缴义务发生时间为纳税人增值税纳税义务发生当天。

扣缴义务人应当向其机构所在地或者居住地主管税务机关申报缴纳扣缴的税款。

第 3 讲

“营改增”新政（二）

——融资租赁

融资租赁“营改增”五部曲

第一步

2012 年上海市先行先试“营改增”，有形动产租赁纳入增值税抵扣链条，且即征即退政策保持税负基本不变。根据财税［2011］111 号文，以及上海市相关试点政策规定，有形动产租赁业务税负为息差（即租金扣除本金和利息支出）×17%。同时，超过利息收入（即租金扣除本金）3% 以上的部分即征即退，租赁公司税负与原执行营业税时税负基本保持不变。

第二步

即征即退口径发生变化，租赁公司税负增加约两倍。

国家税务总局于 2012 年 12 月颁布税总［2012］86 号公告，修改了租赁即征即退的计算口径，将“超过利息收入 3% 以上的部分即征即退”，修

融资租赁“营改增”五部曲

改为“超过租金收入3%以上的部分即征即退”。由于租金 = 本金 + 利息，且租金中绝大部分是本金，故租赁公司难以继续取得退税，执行86号文后租赁公司税负较原营业税增加约2倍。税负增加率 = [(17%/(1 + 17%)]/5% - 1。

第三步

全国租赁行业“营改增”，售后回租按租金全额纳税，租赁公司税负进一步提高。

财税部门于2013年8月颁布财税［2013］37号文，在全国租赁行业扩围“营改增”。政策明确规定：对有形动产租赁业务按取得的全部价款和价外费用，即租金全额征税；对售后回租业务中取得的全部价款和价外费用应包括租赁物本金，对超过租金3%以上部分即征即退。

第四步

财税部门于2013年12月颁布财税［2013］106号文，明确售后回租业务仍以扣除本金及利息后的息差余额作为销售额计算缴纳增值税，且售后回租业务收取的本金不得开具增值税专用发票。

财税［2013］106号文使租赁公司得以继续开展售后回租业务。

第五步

财税［2016］36号文在金融业等全行业扩围“营改增”，融资性售后回租视同贷款服务，同时将不动产租赁纳入“营改增”。

融资租赁税收政策变化

融资租赁业全国范围的“营改增”试点已自 2013 年实施，最新政策（财税［2016］36 号）除维持现行的差额纳税、即征即退、融资租赁资质等政策外，新变化主要有：

（1）租赁分类征税；

（2）差额纳税扣除项调整；

（3）经营租赁标的物增加无形资产；

（4）商务部系融资租赁公司资本限制。

政策变化——租赁分类征税

财税［2016］36 号文提出了“不动产租赁服务”的概念，与“有形动产租赁服务”相区分，适用不同税率。出租人提供“有形动产租赁服务”（包括融资租赁和经营租赁）的增值税税率保持不变，为 17%；新增的“不动产租赁服务”（包括融资租赁和经营租赁），增值税税率为 11%。

明确将“融资性售后回租服务”纳入金融服务范围，按照贷款服务适用 6% 的增值税税率。

政策变化——差额纳税扣除项调整

可享受差额纳税的从事融资租赁业务的试点纳税人，其从事融资租赁服务的，其销售额的扣除项中不再包括“服务和保险费、安装费”，而是以取得的全部价款和价外费用，扣除支付的借款利息（包括外汇借款和人民币借款利息）、发行债券利息和车辆购置税后的余额为销售额。

“营改增”对融资租赁业的影响

一、产业链税负降低

按照增值税原理，融资租赁业主要上下游企业均为增值税纳税主体且增值税链条环环相扣，进项税额就可以层层抵扣，从而降低整个产业链的税负。

出租人、承租人的租赁环节增值税链条完整，实现租赁交易税负整体下降，促进了租赁业的蓬勃发展。

二、租赁公司融资成本上升

金融业全面纳入“营改增”后，对融资租赁行业影响弊大于利。融资租赁公司的资金主要来源于银行借款，由于银行贷款利息收入的税率从5%的营业税改为6%的增值税且不得抵扣，因此银行可能会提升贷款利率，这会导致租赁公司负债端的融资成本上升。

三、推动直租业务发展

“营改增”将促进直租业务发展，租赁公司和承租人也更倾向于开展直租业务。因为同样一笔借款利息抵扣直租销售额与回租销售额，借款利息全部抵扣直租业务的销售额对租赁公司最为有利。

“营改增”将促进直租业务发展，特别是不动产直租的发展。融资租赁差额征税政策也适用于不动产，解决困扰行业的一大难题，不动产直租的潜在需求比以往增加。

随着“营改增”的全面推开，以前主要缴纳营业税的企业，如果以租赁形式购进机器设备，除了设备本金可以抵扣外，融资成本也可以进行抵扣。

不动产租赁业务出租人的税率虽然由5%增加到11%，但是承租人可以进行增值税进项税额的抵扣，承租人降低的税负高于出租人增加的税负，因此从整体上降低了不动产租赁的税负。

“营改增”对融资租赁业的影响

四、抑制售后回租的发展

财税［2016］36 号文件明确指出“融资性售后回租、押汇、罚息、票据贴现、转贷等业务取得的利息及利息性质收入，按照贷款服务缴纳增值税”。

即融资租赁业务虽然仍属于现代服务业，但融资租赁中的融资性售后回租业务却属于金融服务中的“贷款服务”税目。

从税率上看，回租税率从 17% 降至 6%，降了 11 个百分点，这是一个利好消息。但是承租人却没有办法获得进项税额抵扣。这将引发社会对融资租赁回租业务的新思考。因此，“营改增”可能会使售后回租业务的市场变小。

“营改增”后，融资租赁售后回租业务出租人的税负有所下降，而承租人的税负却上升。承租人在选择融资租赁的种类时就会三思而后行，目前来看回租的需求或下降，这使得以回租业务为主的融资租赁公司受到显著影响。

承租人如果购进售后回租服务，“营改增”之后，承租人为租赁活动支付的利息和手续费等相关费用不能抵扣进项税额，这种通道性的融资优势就减弱了，从而导致银行大量融资性售后回租业务萎缩。

相关费用包括投资顾问费、手续费等费用，会在性质上被等同于“贷款利息”，从而也不允许抵扣增值税进项税。

五、促进行业规范化发展

融资租赁行业率先试点“营改增”有利于提升融资租赁的社会认知度，促进监管政策部门和社会公众更加了解融资租赁的特点、作用和优势。

全面“营改增”之后，对于融资租赁交易的分类征税将更加科学合理，对融资租赁企业的资本要求将更加严格，整体上将有利于融资租赁行业的长期良性发展。

征税范围

针对以不动产为标的的各类租赁，按照下列规则确定其是否属于增值税征税范围。

标的	融资租赁	经营租赁	售后回租
境外不动产	非应税	非应税	属人原则
境内不动产	应税	应税	属人原则

税率与征税率

租赁业务	税率
有形动产经营租赁	17%
有形动产融资租赁	17%
不动产经营租赁	11%
不动产融资租赁	11%
有形动产融资性售后回租	6%
不动产融资性售后回租	6%

除财政部和国家税务总局另有规定外，纳税人提供有形动产经营租赁服务、有形动产融资租赁服务，适用17%税率；

纳税人提供不动产经营租赁服务、不动产融资租赁服务，适用11%税率；

纳税人提供有形动产融资性售后回租、不动产融资性售后回租服务，适用6%税率。

销售额——融资性售后回租

业务类型	标的物	合同时间	适用税目及税率		即征即退		差额扣除项目	
			新政策	旧政策	新政策	旧政策	新政策	旧政策
融资租赁服务	有形动产	新、老合同（不区分）	有形动产租赁17%	有形动产租赁17%	超3%即征即退，取消时间限制，变"注册资本"为"实收资本"	超3%即征即退	借款利息、债券利息、车辆购置税	借款利息、债券利息、车辆购置税、保险费、安装费
融资租赁服务	不动产	新、老合同（不区分）	不动产租赁11%	营业税5%	无	无	借款利息、债券利息	借款利息、债券利息、车辆购置税、保险费、安装费
融资性售后回租	有形动产	新合同	贷款服务6%	有形动产租赁17%	超3%即征即退，取消时间限制，变"注册资本"为"实收资本"	超3%即征即退	借款利息、债券利息	有形动产本金、借款利息、债券利息
融资性售后回租	不动产	老合同	贷款服务6%或有形动产融资租赁17%（可选择）	有形动产租赁17%	超3%即征即退，取消时间限制，变"注册资本"为"实收资本"	超3%即征即退	借款利息、债券利息、有形动产本金（选择扣除本金按17%征收，不扣除本金按6%征收）	有形动产本金、借款利息、债券利息
融资性售后回租	不动产	新、老合同（不区分）	贷款服务6%	营业税5%	无	无	借款利息、债券利息	借款利息、债券利息、车辆购置税、保险费、安装费

税率与征税率

增值税征收率为3%，财政部和国家税务总局另有规定的除外。

纳税人提供有形动产经营租赁服务、有形动产融资租赁服务，符合规定条件，可以采用简易计税，适用3%的征税率。

纳税人提供不动产经营租赁服务、不动产融资租赁服务，符合规定条件，可以采用简易计税，适用5%征收率。

销售额——基本规定

经人民银行、银监会或者商务部批准从事融资租赁业务的试点纳税人，提供融资租赁服务，以取得的全部价款和价外费用，扣除支付的借款利息（包括外汇借款和人民币借款利息）、发行债券利息和车辆购置税后的余额为销售额。

经人民银行、银监会或者商务部批准从事融资租赁业务的试点纳税人，提供融资性售后回租服务，以取得的全部价款和价外费用（不含本金），扣除对外支付的借款利息（包括外汇借款和人民币借款利息）、发行债券利息后的余额作为销售额。

试点纳税人根据2016年4月30日前签订的有形动产融资性售后回租合同，在合同到期前提供的有形动产融资性售后回租服务，可继续按照有形动产融资租赁服务缴纳增值税。可以选择以下方法之一计算销售额：

①以向承租方收取的全部价款和价外费用，扣除向承租方收取的价款本金，以及对外支付的借款利息（包括外汇借款和人民币借款利息）、发行债券利息后的余额为销售额。

纳税人提供有形动产融资性售后回租服务，计算当期销售额时可以扣除的价款本金，为书面合同约定的当期应当收取的本金。无书面合同或者书面合同没有约定的，为当期实际收取的本金。

②以向承租方收取的全部价款和价外费用，扣除支付的借款利息（包括外汇借款和人民币借款利息）、发行债券利息后的余额为销售额。

免税优惠

1. 2018 年 12 月 31 日前，公共租赁住房经营管理单位出租公共租赁住房的租赁收入。

公共租赁住房，是指纳入省、自治区、直辖市、计划单列市人民政府及新疆生产建设兵团批准的公共租赁住房发展规划和年度计划，并按照《关于加快发展公共租赁住房的指导意见》（建保［2010］87 号）和市、县人民政府制定的具体管理办法进行管理的公共租赁住房。

2. 军队空余房产租赁收入。

即征即退

经人民银行、银监会或者商务部批准从事融资租赁业务的试点纳税人中的一般纳税人，提供有形动产融资租赁服务和有形动产融资性售后回租服务，对其增值税实际税负超过 3% 的部分实行增值税即征即退政策。

商务部授权的省级商务主管部门和国家经济技术开发区批准的从事融资租赁业务和融资性售后回租业务的试点纳税人中的一般纳税人，2016 年 5 月 1 日后实收资本达到 1.7 亿元的，从达到标准的当月起按照上述规定执行；2016 年 5 月 1 日后实收资本未达到 1.7 亿元但注册资本达到 1.7 亿元的，在 2016 年 7 月 31 日前仍可按照上述规定执行，2016 年 8 月 1 日后开展的有形动产融资租赁业务和有形动产融资性售后回租业务不得按照上述规定执行。

第4讲

“营改增”新政（三）
——销售与租赁不动产

“营改增”新政：销售不动产

□ **销售不动产**

销售不动产，是指转让不动产所有权的业务活动。

转让建筑物有限产权或者永久使用权的，转让在建的建筑物或者构筑物所有权的，以及在转让建筑物或者构筑物时一并转让其所占土地的使用权的，按照销售不动产缴纳增值税。

【概念】不动产，是指不能移动或者移动后会引起性质、形状改变的财产，包括建筑物、构筑物等。

□ 建筑物：包括住宅、商业营业用房、办公楼等可供居住、工作或者进行其他活动的建造物。

□ 构筑物：包括道路、桥梁、隧道、水坝等建造物。

“营改增”新政：销售不动产

一、房地产企业一般纳税人销售不动产

1. 销售自行开发的房地产新项目

销售其开发的房地产新项目（选择简易计税方法的房地产老项目除外），以取得的全部价款和价外费用，扣除受让土地时向政府部门支付的土地价款后的余额为销售额。

【思考】计算销售额时如何扣除土地价款？

销售额 =（全部价款 + 价外费用 - 当期允许抵扣的土地价款）/（1 + 11%）

当期允许抵扣的土地价款 = （当期销售房地产项目建筑面积/房地产项目可供销售建筑面积）支付的土地价款

【引申】土地价款被视为含税价，必须进行价税分离，这样处理的结果是销售额被高估了，土地价款并未全部实现减除，即仅减除了土地实际支出金额的 1/1.11 倍，相当于土地成本仅减除 90%，土地成本的扣除并不彻底。

【案例 1】青龙房地产公司销售房地产单价为 8880 元/平方米（含税价），目前已经销售 1 万平方米。土地价款分摊到每平方米可售面积的单位成本为 3330 元，请计算已售项目部分的销售额与销项税额。

【分析】

销售额 =（8880 - 3330）×10000/（1 +11%）=50000000（元）

应纳增值税额 =50 000 000 ×11% =5500000（元）

2. 销售自行开发的房地产老项目

【适用政策】可以选择适用简易计税方法，按照 5% 的征收率计税。

【注释】房地产老项目，是指：（1）《建筑工程施工许可证》注明的合同开工日期在 2016 年 4 月 30 日前的房地产项目；（2）未取得《建筑工程施工许可证》的，建筑工程承包合同注明的开工日期在 2016 年 4 月 30 日前的建筑工程项目。

【评价】纳税人选择简易计税方法，所适用的增值税率与营业税率一致，都是 5%。但是，由于增值税进行价税分离，其结果是增值税比原来的营业税税负下降了。

“营改增”新政：销售不动产

增值税实际税率 =5%/(1 +5%) =4.76%

开发房地产老项目，也可以采用一般计税方法，即：纳税人以取得的全部价款和价外费用，按照3%的预征率在不动产所在地预缴税款后，向机构所在地主管税务机关进行纳税申报。

房地产销售开发的老项目选择一般计税方法的情形

房地产开发的老项目，采用一般计税方法计税的，全额征税，差额预缴，预征率3%。最终在机构所在地进行纳税申报，税率11%，但允许以全部价款和价外费用扣除土地价款后的余额为销售额。

二、一般纳税人销售取得或自建的不动产

(1) 销售2016年4月30日前取得的不动产。

(2) 销售2016年5月1日后取得的不动产。

(3) 销售2016年4月30日前自建的不动产。

(4) 销售2016年5月1日后自建的不动产。

【思考】一般纳税人如何进行申报纳税？

一般纳税人销售其取得或自建的不动产（含金融企业、建筑企业、房地产企业等）

纳税人/企业	不动产来源	取得或自建时间	计税方法与税基、税率
一般纳税人	取得	2016年4月30日前	(可以选择) 简易计税方法 差额征税，征收率5%
一般纳税人	取得	2016年5月1日后	一般计税方法 全额征税，差额预缴 税率11%，预征率5%
一般纳税人	自建	2016年4月30日前	(可以选择) 简易计税方法 全额征税，征收率5%
一般纳税人	自建	2016年5月1日后	一般计税方法 全额征税、全额预缴，预征率5%

【提示】可以选择简易计税方法，但选择一般计税方法的情形。

(1) 销售2016年4月30日前取得的不动产。

适用一般计税方法的，全额计税，差额预缴，预征率5%。

“营改增”新政：销售不动产

（2）销售 2016 年 4 月 30 日前自建的不动产。

适用一般计税方法的，全额计税，全额预缴，预征率 5%。

【案例 2】联合房地产为一般纳税人，2014 年 5 月 31 日购入一栋办公大楼作为固定资产，购买价 2000 万元，2016 年 5 月 31 日因企业调整战略将该栋办公大楼转让，转让价格为 2520 万元。联合房地产转让该栋办公大楼的增值税选择简易计税方法（契税 3%，折旧年限 20 年，净残值为 0）。

【思考】请作出购入、转让办公大楼的应纳税额及账务处理（采用简易计税方法）。

【分析】

（1）2014 年 5 月 31 日购入时：

契税 = 2000 × 3% = 60（万元）

借：固定资产——办公大楼　　20600000

　　贷：银行存款　　20600000

（2）2014 年 6 月 1 日—2016 年 5 月 31 日累计折旧：

累计折旧 = 2060/20 × 2 = 206（万元）

借：管理费用——固定资产折旧　　2060000

　　贷：累计折旧　　2060000

（3）2016 年 5 月 31 日转让时：

a. 借：固定资产清理　　18540000

　　　累计折旧　　2060000

　　　贷：固定资产——办公大楼　　20600000

b. 转让时增值税销项税额 = (2520 − 2060)/(1 + 5%) × 5% = 21.90（万元）

借：银行存款　　25200000

　　贷：应交税费——应交增值税（销项税额）　　219000

　　　　固定资产清理　　24981000

借：固定资产清理　　6441000

　　贷：营业外收入　　6441000

借：应交税费——应交增值税（转出未交增值税）　　219000

　　贷：应交税费——未交增值税　　219000

“营改增”新政：销售不动产

c. 缴纳增值税：

借：应交税费——未交增值税　　　　219000

　　贷：银行存款　　　　219000

（4）转让办公大楼的企业所得税 = 644.10 × 25% = 161.03（万元）

a. 计提转让办公大楼企业所得税：

借：所得税费用　　　　1610300

　　贷：应交税费——应交所得税　　　　1610300

b. 缴纳企业所得税：

借：应交税费——应交所得税　　　　1610300

　　贷：银行存款　　　　1610300

【案例 3】 联合房地产为一般纳税人，2014 年 5 月 31 日购入一栋办公大楼作为固定资产，购买价 2000 万元，2016 年 5 月 31 日因企业调整战略将该栋办公大楼转让，转让价格为 2520 万元。联合房地产转让该栋办公大楼的增值税选择一般计税方法（契税 3%，折旧年限 20 年，净残值为 0，该企业没有当期进项税额）。

【要求】 计算转让办公大楼的增值税。

【分析】 契税 = 2000 × 3% = 60（万元）

（1）转让时向不动产所在地主管地税机关预缴税款。预缴增值税应纳税额 = (2520 − 2060)/(1 + 11%) × 5% = 20.72（万元）

（2）向机构所在地主管国税机关申报纳税。

申报增值税应纳税额 = 当期销项税额 − 当期进项税额 − 当月预缴税额 = 2520/(1 + 11%) × 11% − 0 − 20.72 = 229.01（万元）

【案例 4】 联合房地产为一般纳税人，2014 年 5 月 31 日自建一栋办公大楼作为固定资产，成本 2000 万元，2016 年 5 月 31 日因企业调整战略将该栋办公大楼转让，转让价格为 2520 万元。联合房地产转让该栋办公大楼的增值税选择简易计税方法（折旧年限 20 年，净残值为 0）。

【要求】 计算转让办公大楼的增值税。

【分析】 转让时增值税销项税额 = 2520/(1 + 5%) × 5% = 120（万元）

“营改增”新政：销售不动产

【案例 5】 联合房地产为一般纳税人，2014 年 5 月 31 日自建一栋办公大楼作为固定资产，成本 2000 万元，2016 年 5 月 31 日因企业调整战略将该栋办公大楼转让，转让价格为 2520 万元。联合房地产转让该栋办公大楼的增值税选择一般计税方法（折旧年限 20 年，净残值为 0，该企业没有当期进项税额）。

【要求】 计算转让办公大楼的增值税。

【分析】（1）转让时向不动产所在地主管地税机关预缴税款。

预缴增值税应纳税额 =2520/(1 +11%) ×5% =113.51（万元）

（2）向机构所在地主管国税机关申报纳税。

申报增值税应纳税额 = 当期销项税额 – 当期进项税额 – 当月预缴税额 =2520/(1 +11%) ×11% –0 –113.51 =136.22（万元）

【特殊情形 1】 预售房产

房地产开发企业预售所开发的房地产项目，在收到预收款时按照 3% 的预征率预缴增值税。

应纳税款 = 预收款/(1 + 适用税率或征收率) ×3%

【特殊情形 2】 销售跨省不动产

一般纳税人跨省销售与机构所在地不在同一省（自治区、直辖市或者计划单列市）的不动产，在机构所在地申报纳税时，计算的应纳税额小于已预缴税额，且差额较大的，由国家税务总局通知不动产所在地省级税务机关，在一定时期内暂停预缴增值税。

【特殊情形 3】 退还多缴的营业税

“营改增”试点之日前已缴纳营业税，“营改增”试点后因发生退款减除营业额的，应当向原主管地税机关申请退还营业税。

【特殊情形 4】 稽查补税

试点纳税人纳入“营改增”试点之日前发生的应税行为，因税收检查等原因需要补缴税款的，应按照营业税政策规定补缴营业税。

“营改增”新政：销售不动产

三、小规模纳税人销售不动产的情形

1. 销售其自行开发的房地产项目

（1）销售其自行开发的房地产老项目按照5%的征收率计税。

（2）销售其自行开发的房地产新项目按照5%的征收率计税。

2. 销售其取得的不动产

差额征税，征收率5%，差额预缴。

3. 销售其自建的不动产

全额征税，征收率5%，全额预缴。

四、个体工商户销售购买的住房

1. 北上广深以外地区

（1）个人将购买不足2年的住房对外销售的，按照5%的征收率全额缴纳增值税；

（2）个人将购买2年以上（含2年）的住房对外销售的，免征增值税。

2. 北上广深地区

（1）个人将购买不足2年的住房对外销售的，按照5%的征收率全额缴纳增值税；

（2）个人将购买2年以上（含2年）的非普通住房对外销售的，以销售收入减去购买住房价款后的差额按照5%的征收率缴纳增值税；

（3）个人将购买2年以上（含2年）的普通住房对外销售的，免征增值税。

销售不动产计税方法

计税办法	销售不动产（不含开发产品）		房地产企业销售开发产品	
	试点前取得的不动产	试点后取得的不动产	老项目	新项目
一般纳税人	1. 可选择适用简易计税方法，按差额（自建全额）依 5% 计算，就地预交，机构所在地申报（5%）。 2. 适用一般计税办法的，按差额（自建全额）就地预交 5%，机构所在地申报 11%	销售试点后取得，应适用一般计税办法，按差额（自建全额）就地预交 5%，机构所在地申报 11%	1. 可选择按简易计税方法，按 5% 征收。在收到预收款时按照 3% 预征率预缴。 2. 适用一般计税办法的，按全额依 3% 就地预交，回机构所在地申报（销售额可扣除出让金，税率 11%）	适用一般计税方法。以预收款方式销售的，在收到预收款时按照 3% 预征率预缴，结转收入（扣除土地出让金）按 11% 申报
小规模纳税人	差额（自建全额）征 5%。就地预交（5%），机构所在地申报（5%）		适用 5% 的征收率，收到预收款按 3% 预征率预交	
征收机构	国税委托地税代征		国税。除老项目一般计税方法 3% 就地预交回机构所在地申报外，老项目简易办法、新项目一般计税方法均机构所在地预交、缴纳	

“营改增”新政：不动产租赁服务

一、融资租赁服务

1. 融资租赁的概念。

具有融资性质和所有权转移特点的租赁活动。

2. 融资租赁的特征。

出租人根据承租人所要求的规格、型号、性能等条件购入有形动产或

“营改增”新政：不动产租赁服务

者不动产租赁给承租人，合同期内租赁物所有权属于出租人，承租人只拥有使用权，合同期满付清租金后，承租人有权按照残值购入租赁物，以拥有其所有权。不论出租人是否将租赁物销售给承租人，均属于融资租赁。

3. 按照标的物的不同，融资租赁服务可分为有形动产融资租赁服务和不动产融资租赁服务。

4. 融资性售后回租不按照本税目缴纳增值税。

5. 经人民银行、银监会或者商务部批准从事融资租赁业务的试点纳税人，提供融资租赁服务，以取得的全部价款和价外费用，扣除支付的借款利息（包括外汇借款和人民币借款利息）、发行债券利息和车辆购置税后的余额为销售额。

6. 不动产租赁适用税率为11%。

二、经营租赁服务

1. 经营租赁的概念：在约定时间内将有形动产或者不动产转让他人使用且租赁物所有权不变更的业务活动。

2. 按照标的物的不同，经营租赁服务可分为有形动产经营租赁服务和不动产经营租赁服务。

3. 将建筑物、构筑物等不动产或者飞机、车辆等有形动产的广告位出租给其他单位或者个人用于发布广告，按照经营租赁服务缴纳增值税。

4. 车辆停放服务、道路通行服务（包括过路费、过桥费、过闸费等）等按照不动产经营租赁服务缴纳增值税。

5. 水路运输的光租业务、航空运输的干租业务，属于经营租赁（注释：不配备操作人员或机组人员，不承担运输过程中发生的各项费用，只收取固定租赁费的业务活动）。

【案例】市场上出现的花卉租赁服务，属于“现代服务——经营租赁服务”。

6. 不动产租赁服务的税务处理。

（1）一般纳税人出租其2016年4月30日前取得的不动产，可以选择适用简易计税方法，按照5%的征收率计算应纳税额。纳税人出租其2016年4月30日前取得的与机构所在地不在同一县（市）的不动产，应按照上

“营改增”新政：不动产租赁服务

述计税方法在不动产所在地预缴税款后，向机构所在地主管税务机关进行纳税申报。

应预缴税款 = 含税销售额/(1 + 5%) × 5%

（2）公路经营企业中的一般纳税人收取试点前开工的高速公路的车辆通行费，可以选择适用简易计税方法，减按 3% 的征收率计算应纳税额。

试点前开工的高速公路，是指相关施工许可证明上注明的合同开工日期在 2016 年 4 月 30 日前的高速公路。

（3）一般纳税人出租其 2016 年 5 月 1 日后取得的、与机构所在地不在同一县（市）的不动产，应按照 3% 的预征率在不动产所在地预缴税款后，向机构所在地主管税务机关进行纳税申报。

（4）小规模纳税人出租其取得的不动产（不含个人出租住房），应按照 5% 的征收率计算应纳税额。纳税人出租与机构所在地不在同一县（市）的不动产，应按照上述计税方法在不动产所在地预缴税款后，向机构所在地主管税务机关进行纳税申报。

（5）其他个人出租其取得的不动产（不含住房），应按照 5% 的征收率计算应纳税额。

（6）个人出租住房，应按照 5% 的征收率减按 1.5% 计算应纳税额。

7. 出租 2016 年 4 月 30 日前已取得的不动产。

适用一般计税方法的，应以取得的全部价款和价外费用，按照 3% 的预征率在不动产所在地预缴税款后，向机构所在地主管税务机关纳税申报。

应预缴税款 = 含税销售额/(1 + 11%) × 3%

8. 一般纳税人出租取得的与机构所在地不在同一省（自治区、直辖市或者计划单列市）的不动产，在机构所在地纳税申报时，计算的应纳税额小于已预缴税额，且差额较大的，由国家税务总局通知不动产所在地省级税务机关，在一定时期内暂停预缴增值税。

销售额——不动产经营租赁

计税办法	出租试点前取得的不动产	出租试点后取得的不动产
一般纳税人	1. 可以选择适用简易计税方法，按 5% 计算。不动产所在地预缴，回机构所在地申报。 2. 公路经营企业中的一般纳税人收取试点前（施工许可证注明的开工日期）开工的高速公路的车辆通行费，可以选择适用简易计税方法，减按 3% 征收	一般纳税人出租其 2016 年 5 月 1 日后取得的、与机构所在地不在同一县（市）的不动产，应按 3% 就地预缴，回机构所在地申报（11%）
小规模纳税人	小规模纳税人出租其取得的不动产（不含个人出租住房），应按照 5% 的征收率计算应纳税额。纳税人出租与机构所在地不在同一县（市）的不动产，应按照上述计税方法就地预交，机构所在地申报	
其他个人	其他个人出租其取得的不动产（不含住房），应按照 5% 的征收率计算应纳税额	
个人	个人（含个体工商户）出租住房，应按照 5% 的征收率减按 1.5% 计算应纳税额	
征收机构	其他个人出租不动产由国税委托地税代征，其余由国税征收	
备注：	一般纳税人跨省出租取得的与机构所在地不在同一省的不动产，在机构所在地申报纳税时，计算的应纳税额小于已预缴税额，且差额较大的，由国家税务总局通知不动产所在地省级税务机关，在一定时期内暂停预缴增值税	

“营改增”新政：不动产投资

税务处理原则：不动产投资视同销售。

1. 增值税：不动产投资视同销售，按照公允价值计算转让所得，缴纳按照 11% 的税率计算缴纳增值税。对于一些老项目进行投资，也允许选择简易计税方法。

2. 企业所得税：不动产投资视同销售，计算不动产转让所得，计算缴纳企业所得税。

3. 土地增值税：不动产投资，房地产企业需要缴纳土地增值税，非房地产企业不需要缴纳土地增值税。

4. 契税：不动产投资，被投资方缴纳契税。

第 5 讲

“营改增”新政（三）
——销售服务、无形资产

销售服务、销售无形资产的新政

销售服务包括销售交通运输服务、邮政服务、电信服务、建筑服务、现代服务、生活服务，这些产业及服务与金融业的关系非常密切。金融业不能离开这些产业而独立存在，金融业依赖并购买这些产业的相关服务，会产生大量进项税额抵扣。

因此，金融业的纳税活动与这些产业息息相关，而且金融业的实际税负率也取决于这些购进服务的进项税额的抵扣力度。

同理，金融业也会发生购进无形资产的相关业务，也会产生增值税可以抵扣的进项税额。

一、“营改增”新政：交通运输服务

交通运输服务：利用运输工具将货物或者旅客送达目的地，使其空间位置得到转移的业务活动。

销售服务、销售无形资产的新政

包括：陆路运输服务、水路运输服务、航空运输服务和管道运输服务。一般纳税人税率为11%。

【引申】混合销售及兼营行为的拆分。

1. 拆分交通运输服务与物流辅助服务（两种服务适用不同的增值税税率）；

2. 拆分销售货物与交通运输服务（销售货物与提供运输服务适用不同的增值税税率，分别为17%和11%）。

二、“营改增”新政：邮政服务

邮政服务：中国邮政集团公司及其所属邮政企业提供邮件寄递、邮政汇兑和机要通信等基本服务的业务活动。一般纳税人适用税率为11%。

邮政服务的类型：（1）邮政普遍服务：邮政普遍服务是指函件、包裹等邮件寄递，以及邮票发行、报刊发行和邮政汇兑等业务活动。（2）邮政特殊服务：邮政特殊服务是指义务兵平常信函、机要通信、盲人读物和革命烈士遗物的寄递等业务活动。（3）其他邮政服务：邮政其他服务是指邮册等邮品销售、邮政代理等业务活动。

三、“营改增”新政：电信服务

电信服务：利用有线、无线的电磁系统或者光电系统等各种通信网络资源，提供语音通话服务，传送、发射、接收或者应用图像、短信等电子数据和信息的业务活动。电信服务包括基础电信服务和增值电信服务。

1. 基础电信服务：利用固网、移动网、卫星、互联网，提供语音通话服务的业务活动，以及出租或者出售带宽、波长等网络元素的业务活动。

2. 增值电信服务：利用固网、移动网、卫星、互联网、有线电视网络，提供短信和彩信服务、电子数据和信息的传输及应用服务、互联网接入服务等业务活动。

提供基础电信服务，税率为11%；提供增值电信服务，税率为6%。

以积分兑换形式赠送的电信业服务，不征收增值税。

卫星电视信号落地转接服务，按照增值电信服务适用6%的税率计算缴纳增值税。

销售服务、销售无形资产的新政

四、“营改增”新政：建筑服务

1. 建筑服务

各类建筑物、构筑物及其附属设施的建造、修缮、装饰，线路、管道、设备、设施等的安装以及其他工程作业的业务活动。

建筑服务包括以下五类具体项目：

（1）**工程服务**：是指新建、改建各种建筑物、构筑物的工程作业，包括与建筑物相连的各种设备或者支柱、操作平台的安装或者装设工程作业，以及各种窑炉和金属结构工程作业。

（2）**安装服务**：是指生产设备、动力设备、起重设备、运输设备、传动设备、医疗实验设备以及其他各种设备、设施的装配、安置工程作业，包括与被安装设备相连的工作台、梯子、栏杆的装设工程作业，以及被安装设备的绝缘、防腐、保温、油漆等工程作业。

固定电话、有线电视、宽带、水、电、燃气、暖气等经营者向用户收取的安装费、初装费、开户费、扩容费以及类似收费，按照安装服务缴纳增值税。

（3）**修缮服务**：是指对建筑物、构筑物进行修补、加固、养护、改善，使之恢复原来的使用价值或者延长其使用期限的工程作业。

（4）**装饰服务**：是指对建筑物、构筑物进行修饰装修，使之美观或者具有特定用途的工程作业。

（5）**其他建筑服务**：是指上列工程作业之外的各种工程作业服务，如钻井（打井）、拆除建筑物或者构筑物、平整土地、园林绿化、疏浚（不包括航道疏浚）、建筑物平移、搭脚手架、爆破、矿山穿孔、表面附着物（包括岩层、土层、沙层等）剥离和清理等工程作业。

2. 新项目适用一般计税方法

建筑业税率为11%。一般计税方法下，允许采用税款抵扣制度计算缴纳增值税。

应缴纳的增值税 = 含税销售额 ×11%/(1 +11%)

【注释】建筑企业的新项目，按照11%的税率计算增值税销项税额，允许扣除购进环节的进项税额，所得到的差额为应纳增值税额。因此，建筑企业的新项目的税负高低，不仅取决于销项税额，也取决于进项税额。

销售服务、销售无形资产的新政

3. 一般纳税人跨县（市）提供建筑服务

（1）适用一般计税方法。

全额计税：（全部价款 + 价外费用）×11%/(1 +11%)

差额预缴：应预缴税款 =（全部价款 + 价外费用 − 分包款）×2% /（1 +11%）

（2）选择适用简易计税方法。

差额计税，差额预缴，在建筑服务发生地预缴税款。

应预缴税款 =（全部价款 + 价外费用 − 分包款）×3%/(1 +3%)

4. 试点纳税人中的小规模纳税人跨县（市）提供建筑服务

【计税方法】

应纳税额 =（全部价款 + 价外费用 − 分包款）×3%/(1 +3%)

按照上述计税方法在建筑服务发生地预缴税款后，向机构所在地主管税务机关进行纳税申报。

小规模纳税人不能自行开具增值税发票，可到税务机关申请代开增值税发票。

5. 可以选择适用简易计税方法计税的情形

（1）一般纳税人以清包工方式提供的建筑服务。

【注释】以清包工方式提供建筑服务，是指施工方不采购建筑工程所需的材料或只采购辅助材料，并收取人工费、管理费或者其他费用的建筑服务。

【思考】清包工之所以允许选择适用简易计税方法，原因在于清包工没有进项税额抵扣或抵扣率比较低，如果采用一般计税方法，建筑企业的整体税负会显著增加。

（2）一般纳税人为甲供工程提供的建筑服务。

【注释】甲供工程，是指全部或部分设备、材料、动力由工程发包方自行采购的建筑工程。

甲供工程 = 甲供材 + 甲供设备

【引申】甲、乙双方为了获得采购环节的进项税额抵扣，会争夺设备、材料及动力的采购权。请读者思考，如果站到乙方立场，乙方应如何说服甲方获取材料及设备的采购权？

销售服务、销售无形资产的新政

（3）一般纳税人为建筑工程老项目提供的建筑服务。

【注释】建筑工程老项目，是指：

a.《建筑工程施工许可证》注明的合同开工日期在 2016 年 4 月 30 日前的建筑工程项目；

b. 未取得《建筑工程施工许可证》的，建筑工程承包合同注明的开工日期在 2016 年 4 月 30 日前的建筑工程项目。

【特殊情形 1】跨省提供建筑业服务

一般纳税人跨省（自治区、直辖市或者计划单列市）提供建筑服务，在机构所在地申报纳税时，计算的应纳税额小于已预缴税额，且差额较大的，由国家税务总局通知不动产所在地省级税务机关，在一定时期内暂停预缴增值税。

【特殊情形 2】退还多缴的营业税

试点纳税人发生应税行为，按照国家有关营业税政策规定差额征收营业税的，因取得的全部价款和价外费用不足以抵减允许扣除项目金额，截至纳入营改增试点之日前尚未扣除的部分，不得在计算试点纳税人增值税应税销售额时抵减，应当向原主管地税机关申请退还营业税。

五、“营改增”新政：现代服务

- ☐ 研发和技术服务
- ☐ 信息技术服务
- ☐ 文化创意服务
- ☐ 物流辅助服务
- ☐ 租赁服务
- ☐ 鉴证咨询服务
- ☐ 广播影视服务
- ☐ 商务辅助服务
- ☐ 其他现代服务

现代服务业是指围绕制造业、文化产业、现代物流产业等提供技术性、知识性服务的业务活动。以电子网络技术为支撑，建立在新的商业模式、服务方式和管理方法基础上的服务产业。

销售服务、销售无形资产的新政

（一）研发和技术服务

□ 研发和技术服务 = 研发服务 + 合同能源管理服务 + 工程勘察勘探服务 + 专业技术服务

1. 研发服务：也称技术开发服务，是指就新技术、新产品、新工艺或者新材料及其系统进行研究与试验开发的业务活动。

2. 合同能源管理服务，是指节能服务公司与用能单位以契约形式约定节能目标，节能服务公司提供必要的服务，用能单位以节能效果支付节能服务公司投入及其合理报酬的业务活动。

3. 工程勘察勘探服务，是指在采矿、工程施工前后，对地形、地质构造、地下资源蕴藏情况进行实地调查的业务活动。

4. 专业技术服务，是指气象服务、地震服务、海洋服务、测绘服务、城市规划、环境与生态监测服务等专项技术服务。

（二）信息技术服务

□ 信息技术服务

利用计算机、通信网络等技术对信息进行生产、收集、处理、加工、存储、运输、检索和利用，并提供信息服务的业务活动。

信息技术服务包括：软件服务、电路设计及测试服务、信息系统服务和业务流程管理服务和信息系统增值服务。

（三）文化创意服务

□ 文化创意服务 = 设计服务 + 知识产权服务 + 广告服务 + 会议展览服务

1. 设计服务：把计划、规划、设想通过文字、语言、图画、声音、视觉等形式传递出来的业务活动。

设计服务包括工业设计、内部管理设计、业务运作设计、供应链设计、造型设计、服装设计、环境设计、平面设计、包装设计、动漫设计、网络设计、展示设计、网站设计、机械设计、工程设计、广告设计、创意策划、文印晒图等。

销售服务、销售无形资产的新政

2. 知识产权服务：处理知识产权事务的业务活动。

知识产权服务包括：对专利、商标、著作权、软件、集成电路布图设计的登记、鉴定、评估、认证、检索服务。

3. 广告服务：利用图书、报纸、杂志、广播、电视、电影、幻灯、路牌、招贴、橱窗、霓虹灯、灯箱、互联网等各种形式为客户的商品、经营服务项目、文体节目或者通告、声明等委托事项进行宣传和提供相关服务的业务活动。

广告服务包括：广告代理和广告的发布、播映、宣传、展示等。

4. 会议展览服务：为商品流通、促销、展示、经贸洽谈、民间交流、企业沟通、国际往来等举办或者组织安排的各类展览和会议的业务活动。

（四）物流辅助服务

□ 物流辅助服务，包括航空服务、港口码头服务、货运客运场站服务、打捞救助服务、装卸搬运服务、仓储服务和收派服务。

□ 仓储服务，是指利用仓库、货场或者其他场所代客贮放、保管货物的业务活动。

□ 收派服务，是指接受寄件人委托，在承诺的时限内完成函件和包裹的收件、分拣、派送服务的业务活动。

（五）租赁服务

□ 融资租赁服务 + 经营租赁服务

1. 融资租赁服务

有形动产融资租赁服务：税率 17%

不动产融资租赁服务：11%

2. 经营租赁服务

有形动产经营租赁服务：税率 17%

不动产经营租赁服务：11%

销售服务、销售无形资产的新政

（六）鉴证咨询服务

□鉴证咨询服务 = 认证服务 + 鉴证服务 + 咨询服务
□鉴证咨询服务适用的税率为6%。

1. 认证服务

具有专业资质的单位利用检测、检验、计量等技术，证明产品、服务、管理体系符合相关技术规范、相关技术规范的强制性要求或者标准的业务活动。

2. 鉴证服务

具有专业资质的单位受托对相关事项进行鉴证，发表具有证明力的意见的业务活动。包括会鉴证计、税务鉴证、法律鉴证、职业技能鉴证、工程造价鉴证、工程监理、资产评估、环境评估、房地产土地评估、建筑图纸审核、医疗事故鉴证等。

3. 咨询服务

提供信息、建议、策划、顾问等服务的活动。包括金融、软件、技术、财务、税收、法律、内部管理、业务运作、流程管理、健康等方面的咨询。

（七）广播影视服务

广播影视服务：税率为6%。

广播影视服务包括：广播影视节目（作品）的制作服务、发行服务和播映（含放映）服务。

（八）商务辅助服务

商务辅助服务：税率为6%

商务辅助服务包括：企业管理服务、经纪代理服务、人力资源服务、安全保护服务。

1. 企业管理服务，是指提供总部管理、投资与资产管理、市场管理、物业管理、日常综合管理等服务的业务活动。

销售服务、销售无形资产的新政

2. 经纪代理服务：各类经纪、中介、代理服务。包括金融代理、知识产权代理、货物运输代理、代理报关、法律代理、房地产中介、职业中介、婚姻中介、代理记账、拍卖等。

货物运输代理服务，是指接受货物收货人、发货人、船舶所有人、船舶承租人或者船舶经营人的委托，以委托人的名义，为委托人办理货物运输、装卸、仓储和船舶进出港口、引航、靠泊等相关手续的业务活动。

代理报关服务，是指接受进出口货物的收、发货人委托，代为办理报关手续的业务活动。

3. 人力资源服务：提供公共就业、劳务派遣、人才委托招聘、劳动力外包等服务的业务活动。

4. 安全保护服务：提供保护人身安全和财产安全，维护社会治安等的业务活动。包括场所住宅保安、特种保安、安全系统监控以及其他安保服务。

（九）其他现代服务

其他现代服务：除上述八类以外的商务服务活动。

适用税率为 6%。

六、“营改增”新政：生活服务

生活服务：税率为 6%

生活服务：为满足城乡居民日常生活需求提供的各类服务活动。

生活服务 = 文化体育服务 + 教育医疗服务 + 旅游娱乐服务 + 餐饮住宿服务 + 居民日常服务 + 其他生活服务

【提示】 1. 娱乐服务税率为 6%。

2. 居民日常服务：家政、照料与护理、婚庆、美容美发、按摩、沐浴、洗染等。

七、“营改增”新政：销售无形资产

销售无形资产：转让无形资产所有权或者使用权的业务活动。

销售服务、销售无形资产的新政

除转让土地使用权适用税率为11%外，转让其他无形资产适用税率均为6%。

【注释】无形资产：不具实物形态，但能带来经济利益的资产，包括技术、商标、著作权、商誉、自然资源使用权和其他权益性无形资产。

【评价】无形资产所包括的技术、商标、著作权、商誉等均为以前无形资产涵盖的内容，本次税制增加自然资源使用权和其他权益性无形资产等内容。

无形资产分类

(1) **技术**，包括专利技术和非专利技术。

(2) **自然资源使用权**，包括土地使用权、海域使用权、探矿权、采矿权、取水权和其他自然资源使用权。

(3) **其他权益性无形资产**，包括基础设施资产经营权、公共事业特许权、配额、经营权（包括特许经营权、连锁经营权、其他经营权）、经销权、分销权、代理权、会员权、席位权、网络游戏虚拟道具、域名、名称权、肖像权、冠名权、转会费等。

【税收政策】

1. 专利技术和非专利技术的转让及相关服务免征增值税；商标权、著作权和商誉的转让按6%的税率征收增值税。

2. 专利技术和非专利技术使用权的让渡及相关服务免征增值税，商标权和著作权的使用权让渡按6%的税率计算销项税额。

财税［2016］36号文件规定：纳税人提供技术转让、技术开发和与之相关的技术咨询、技术服务，免征增值税。

技术转让、技术开发，是指“转让技术”、“研发服务”范围内的业务活动。

第 6 讲

“营改增”新政（四）

——进项税额抵扣

准予抵扣的进项税额

1. 准予从销项税额中抵扣的进项税额

（1）增值税专用发票上注明的增值税额；

（2）海关进口增值税专用缴款书上注明的增值税额；

（3）农产品收购发票或者销售发票上注明的农产品买价和 13% 的扣除率计算进项税额；

（4）从境外单位或者个人购进服务、无形资产或者不动产，自税务机关或者扣缴义务人取得的解缴税款的完税凭证上注明的增值税额。

2. 准予抵扣的不动产进项税额

（1）适用一般计税方法的试点纳税人，2016 年 5 月 1 日后取得并在会计制度上按固定资产核算的不动产或者 2016 年 5 月 1 日后取得的不动产在建工程，其进项税额应自取得之日起分 2 年从销项税额中抵扣，第一年抵扣比例为 60%，第二年抵扣比例为 40%。

准予抵扣的进项税额

（2）一般纳税人在施工现场修建的临时建筑物、构筑物，其进项税额可以一次性抵扣。

【操作细节】

□ 上述进项税额中，60%的部分于取得扣税凭证的当期从销项税额中抵扣；40%的部分为待抵扣进项税额，于取得扣税凭证的当月起第13个月从销项税额中抵扣。

□ 纳税人2016年5月1日后购进货物和设计服务、建筑服务，用于新建不动产，或者用于改建、扩建、修缮、装饰不动产并增加不动产原值超过50%的，其进项税额分2年从销项税额中抵扣。

【操作细节】

1. 从销项税额中抵扣进项税额，应取得2016年5月1日后开具的合法有效的增值税扣税凭证。

2. 分2年从销项税额中抵扣的购进货物，是指构成不动产实体的材料和设备，包括建筑装饰材料和给排水、采暖、卫生、通风、照明、通讯、煤气、消防、中央空调、电梯、电气、智能化楼宇设备及配套设施。

【评论】增值税抵扣范围历史性扩大，抵扣政策超出社会预期。该政策不动产抵扣政策对房地产市场产生拉动效应。

各项经济业务的可抵扣进项税率

项目	内容	进项抵扣
购进货物	电子设备、办公设备、劳保用品、电等	17%
购进货物	图书、报刊、杂志、印刷品、暖气、热水等	13%
购进货物	自来水	3%、13%
取得不动产	直接购买、接受捐赠、接受投资入股、自建以及抵债等各种形式取得的不动产	11%
取得无形资产	购买技术（专利技术、非专利技术）、商标权、著作权、经营权、代理权等	6%
电信业	基础电信服务（如：电话费）	11%
	增值电信服务（如：短信、彩信、移动数据流量）	6%

准予抵扣的进项税额

项目	内容	进项抵扣
建筑服务	工程服务、安装服务、修缮服务、装饰服务等	11%
金融服务业	贷款服务、金融商品转让	6% （不能抵扣）
	直接收费金融服务、财产保险服务	6%
研发和技术服务	研发服务、转让专利、技术咨询、技术培训、分析评价报告、专业知识咨询、工程勘察勘探等	6%
信息技术服务	软件开发、软件咨询、软件维护、软件测试、网络管理、网络安全服务、人力资源、审计、税务管理、金融支付服务等	6%
文化创意服务	设计服务、网站设计、广告服务、创意策划、文印晒图、广告服务、会议展览服务等	6%
物流辅助服务	航空服务、港口码头服务、货运客运场站服务、装卸搬运服务、仓储服务、收派服务	6%
广播影视服务	广播影视节目（作品）制作服务、发行服务、播映服务	6%
租赁服务	有形动产的融资租赁服务、经营租赁服务等	17%
	无形资产租赁	11%
	2016 年 4 月 30 日前取得的不动产租赁	5%
	2016 年 5 月 1 日后取得的不动产租赁	11%
	2016 年 5 月 1 日后取得的不动产租赁（不含住宅）	5%
	2016 年 5 月 1 日后取得的不动产租赁（个人、个体户的住宅）	5% 减按 1.5%
鉴证咨询服务	会计鉴证、税务鉴证、法律鉴证、资产评估、财务咨询、税务咨询、法律咨询等	6%
商务辅助服务	安全保护服务、物业管理、代理记账、安全保护服务、安全系统监控等	6%

不允许抵扣的进项税额

1. 用于简易计税方法计税项目、免征增值税项目、集体福利或者个人消费的购进货物、加工修理修配劳务、服务、无形资产和不动产。

【注释】 涉及的固定资产、无形资产、不动产，仅指专用于上述项目的固定资产、无形资产（不包括其他权益性无形资产）、不动产。纳税人的交际应酬消费属于个人消费。

固定资产：使用期限超过 12 个月的机器、机械、运输工具以及其他与生产经营有关的设备、工具、器具等有形动产。

2. 非正常损失的购进货物，以及相关的加工修理修配劳务和交通运输服务。

3. 非正常损失的在产品、产成品所耗用的购进货物（不包括固定资产）、加工修理修配劳务和交通运输服务。

4. 非正常损失的不动产，以及该不动产所耗用的购进货物、设计服务和建筑服务。

5. 非正常损失的不动产在建工程所耗用的购进货物、设计服务和建筑服务。

【注释】 纳税人新建、改建、扩建、修缮、装饰不动产，均属于不动产在建工程。

6. 购进的旅客运输服务、贷款服务、餐饮服务、居民日常服务和娱乐服务。

【思考】 下列进项税额能否抵扣？

（1）住宿费的进项税额；

（2）餐费支出的进项税额；

（3）贷款利息支出的进项税额；

（4）按摩服务支出的进项税额；

（5）委托贷款的手续费支出的进项税额。

【提示】 住宿费不符合抵扣条件的情形。

（1）无法取得开具本单位全称的增值税专用发票的住宿费；

（2）交际应酬所发生的住宿费；

（3）福利性质的住宿费，如组织员工外出旅游的住宿费；

（4）个人的住宿费；

（5）选择适用简易计税方法、免征增值税项目所发生的住宿费。

7. 贷款服务相关费用的进项税额。

纳税人接受贷款服务向贷款方支付的与该笔贷款直接相关的投融资顾问费、手续费、咨询费等费用，其进项税额不得从销项税额中抵扣。

不得开具增值税专用发票的情形

1. 金融商品转让不得开具增值税专用发票

金融商品交易属性决定了像股票、债券、衍生金融工具等金融商品的转让大多是通过交易所或交易平台，往往难以界定其受让方是单位还是个人，所以统一规定不能就金融商品转让开具增值税专用发票。

2. 符合条件的纳税人提供有形动产融资性售后回租服务

2016年5月1日后试点纳税人提供有形动产融资性售后回租服务，向承租方收取的有形动产价款本金，不得开具增值税专用发票，但可开具普通发票。

“营改增”后不能抵扣的13种发票

第1种：票款不一致的增值税专用发票

《国家税务总局关于加强增值税征收管理若干问题的通知》（国税发［1995］192号）第一条第（三）项规定：“购进货物或应税劳务支付货款、劳务费用的对象。纳税人购进货物或应税劳务，支付运输费用，所支付款项的对象，必须与开具抵扣凭证的销货单位、提供劳务的单位一致，才能够申报抵扣进项税额，否则不予抵扣。”

第2种：“对开发票”不能抵扣进项税额

没有货物往来的发票对开可能被视为虚开发票。

纳税人如果未能按规定开具红字发票，税务机关在有足够证据的情况下，可根据《发票管理办法》第三十六条规定，未按照规定开具发票的，由税务机关责令限期改正，没收非法所得，可以并处10000元以下的罚款。

“营改增”后不能抵扣的13种发票

第3种：“营改增”过渡期，三种发票不能抵扣

（1）“营改增”前购买，“营改增”后收到。

“营改增”前签订的材料采购合同，合同已经履行，但建筑材料在

“营改增”后不能抵扣的13种发票

“营改增”后才收到并用于“营改增”前未完工的项目，且“营改增”后才付款给供应商并收到的增值税专用发票。

（2）“营改增”前购买，“营改增”后付款。

“营改增”前采购的材料已经用于“营改增”前已经完工的工程建设项目，“营改增”后才支付采购款而收到供应商开具的增值税专用发票。

（3）过渡期间的非工程采购。

“营改增”之前采购的设备、劳保用品、办公用品并支付款项，但“营改增”后才收到供应商开具的增值税专用发票。

第4种：没有销售清单不能抵扣

没有供应商开具销售清单的开具“材料一批”、汇总运输发票、办公用品和劳动保护用品的发票。国税发［2006］156号文第十二条规定：一般纳税人销售货物或者提供应税劳务可汇总开具专用发票。汇总开具专用发票的，同时使用防伪税控系统开具《销售货物或者提供应税劳务清单》，并加盖财务专用章或者发票专用章。因此，若没有供应商开具销售清单的开具“材料一批”、汇总运输发票、办公用品和劳动保护用品的发票，不可以抵扣进项税金。

第5种：职工集体福利和个人消费的专用发票

财税［2016］36号文规定：用于集体福利或者个人消费的购进货物、加工修理修配劳务、服务、无形资产和不动产。纳税人的交际应酬消费属于个人消费。

购进货物如果用于企业职工福利，专用发票是不能用来抵扣的，像企业购买的饮水机、饮用水、微波炉，若是为企业集体福利而买，就不能抵扣。

第6种：非正常损失的专用发票

例如：工地上丢失、被盗的钢材、水泥。

（1）非正常损失的购进货物，以及相关的加工修理修配劳务和交通运输服务。

（2）非正常损失的在产品、产成品所耗用的购进货物（不包括固定资产）、加工修理修配劳务和交通运输服务。

“营改增”后不能抵扣的13种发票

（3）非正常损失的不动产，以及该不动产所耗用的购进货物、设计服务和建筑服务。

（4）非正常损失的不动产在建工程所耗用的购进货物、设计服务和建筑服务。

第7种：超过认证期限180天的专用发票

如果企业已经取得了增值税专用发票，一定要在180日内到税务机关办理认证。国税函［2009］617号第一条规定：增值税一般纳税人取得2010年1月1日以后开具的增值税专用发票（货物运输增值税专用发票）和机动车销售统一发票，应在开具之日起180日内到税务机关办理认证，并在认证通过的次月申报期内，向主管税务机关申报抵扣进项税额。

第8种：与小规模纳税人相关的四种情况不能抵扣

（1）增值税小规模纳税人购进货物取得的发票不允许抵扣进项税额。

（2）增值税一般纳税人在以小规模纳税人身份经营期（新开业申请增值税一般纳税人认定受理审批期间除外）购进的货物或者服务取得的增值税专用发票，其进项税额不允许抵扣。

（3）增值税一般纳税人在认定批准的月份（新开业批准为增值税一般纳税人的除外）取得的增值税发票不允许抵扣进项税。

（4）增值税一般纳税人从小规模纳税人处购进货物或者应税劳务取得普通发票（购进农产品除外）不允许抵扣进项税额。

第9种：票据无法通过有关部门认证的不能抵扣

（1）增值税一般纳税人购进货物或者服务，取得增值税专用发票、海关进口增值税专用缴款书、农产品收购发票和农产品销售发票不符合法律、行政法规或财政、税务主管部门有关规定的，其进项税额不允许从销项税额中抵扣。

（2）增值税一般纳税人取得的增值税专用发票抵扣联、海关进口增值税专用缴款书交叉稽核比对没有返回比对结果或比对不符时，其进项税额不允许抵扣。

（3）实行海关进口增值税专用缴款书“先比对后抵扣”管理办法的增值税一般纳税人取得进口增值税专用缴款书稽核比对不符的，其进项税额不允许抵扣。

“营改增”后不能抵扣的13种发票

【注】 专用发票有无法认证、纳税人识别号不符以及发票代码、号码不符等情形之一的，其进项税额不允许抵扣。但购买方可要求销售方重新开具专用发票，重新认证通过后在规定时间内仍可申报抵扣。

第10种：五种与减免税相关不能抵扣

（1）购进免税货物取得增值税抵扣凭证，进项税额不得抵扣。

（2）购进用于免征增值税项目的货物或者服务以及随之发生的运输费、销售免税货物的运输费用，其进项税额不得从销项税额中抵扣，已申报抵扣的应作进项税额转出处理。

（3）纳税人在免税期内购进用于免税项目的货物或者服务所取得的增值税扣税凭证，一律不得抵扣。

（4）免税货物恢复征税后，收到该项货物免税期间的增值税抵扣凭证注明的进项税额不允许抵扣。

（5）进口货物减免的进口环节增值税税款以及与周边国家易货贸易进口环节减征的增值税税款，不得作为进口货物的进项税额抵扣。

第11种：作废及停止抵扣期间的发票不能抵扣

（1）取得作废增值税抵扣凭证，其进项税额不允许抵扣。

（2）纳税人在停止抵扣进项税额期间所购进货物或服务的进项税额，不得结转到经批准准许抵扣进项税额时抵扣。

第12种：未申请办理一般纳税人认定手续的不能抵扣

增值税纳税人年应税销售额超过小规模纳税人标准，未申请办理一般纳税人认定手续的，按销售额依照增值税税率计算应纳税额，不允许抵扣进项税额。

同时，增值税一般纳税人会计核算不健全，或者不能够提供准确税务资料的，按销售额依照增值税税率计算应纳税额，其取得的进项税额也不允许抵扣。

第13种：购进货物退回或折让收回的已支付增值税进项税额不能抵扣

增值税一般纳税人因购进货物退出或者折让而收回的已支付的增值税进项税额，应从发生购进货物退出或折让当期的进项税额中扣减。

规范专用发票管理

取得发票环节——行为不当，会造成税负增加！

应纳增值税 = 销项税额 - 进项税额

进项税额实现抵扣的构成要件：

（1）必须取得增值税专用发票，普通发票无效！

（2）增值税专用发票必须通过税局认证！

增值税征管实务中，实行“以票管税——以票减票”，开票收入立即实现销项税额，但进项税额因各种原因（无票、假票、虚开票、票不合规等）往往不确认为进项税额。

所以，应纳增值税往往不等于增值额（毛利额）×税率，而是取决于管理手段和管理水平。

第一，经济行为应取得专用发票，由于疏忽或价格原因，而未取得；或取得“假票”或“认证不通过”的发票。

【案例】向钢材供应商采购钢材，对方向房地产企业开具的是增值税普通发票或其他发票。

第二，取得专用发票后，未及时（180天内）到税务局认证，使得进项税额作废；

【案例】2016年5月1日向钢材供应商采购钢材，对方于2016年5月1日开具发票，但物资供应人员“压票”，若未在2016年11月1日前传递至财务人员去税局认证，则此票不得作为进项税额！

增值税专用发票逾期抵扣的处理

国家税务总局公告2011年第50号（节选）

对增值税一般纳税人发生真实交易但由于客观原因造成增值税扣税凭证逾期的，经主管税务机关审核、逐级上报，由国家税务总局认证、稽核比对后，对比对相符的增值税扣税凭证，允许纳税人继续抵扣其进项税额。

规范专用发票管理

“善意取得”——补税但不涉及刑事责任

【案例】向钢材供应商采购钢材100吨，对方开具增值税专用发票，但建筑企业自始至终不知道销售方提供的专用发票是以非法手段获得的，即建筑企业不知情，取得发票后作为进项税额抵扣了，被税局查出后也必须补交税款！

非“善意取得”：补税且涉及刑事责任

【案例】实际向钢材供应商采购钢材100吨，建筑企业要求对方开具120吨增值税专用发票。

这属于明知虚开而取得，取得发票后作为进项税额抵扣，被税务局查出后除必须补交税款外，还要移送司法机关。

第 7 讲

金融业“营改增”应对策略

“营改增”应对策略

一、转变观念，创造基础性条件

1. 树立“营改增”观念，重视税收效应。

2. 创造基础性条件：

（1）企业是否增设内部税务管理部门？

（2）如何选配内部增值税管理人员？

（3）是否购置与增值税有关的设备和软件？

（4）是否已建立内部税控制度和税负测算系统？

采购部如何应对“营改增”

一、确认各类采购业务计税规则

结合供应商缴纳增值税的业务类型制定计税规则。即针对各类货物、服务、无形资产、不动产分析其相应税率及进项税抵扣规则，并在招标及合同签订等环节明确供应商提供的发票类型，确保企业取得有效增值税抵扣凭证以实现后期进项税额的充分抵扣。

二、定价策略

材料报价 =（成本 + 利润）×（1 + 17%）

简易计税 =（成本 + 利润）×（1 + 3%）

工程造价 = 税前工程造价 ×（1 + 11%）

=（人工费 + 材料费 + 施工机具使用费 + 企业管理费 + 规费 + 利润）×（1 + 11%）

EPC 总承包合同报价

EPC 总承包合同：即设计、采购、施工合同，是一种包括设计、设备采购、施工、安装和调试，直至竣工移交的总承包模式。

EPC 建筑工程报价 =（不含增值税的设计费用 + 不含增值税的设备费用 + 不含增值税的安装费用 + 合理利润）+ 不含增值税的设计费用 ×6% + 不含增值税的设备费用 ×11% + 不含增值税的安装费用 ×11%

三、索取合法专用发票

按照合同履行节点，收取合法发票，即发票必须符合业务内容和对应的税目税率。

【思考】如何鉴别增值税专用发票的合法性？

（1）《中华人民共和国发票管理办法》第二十一条规定，不符合规定的发票，不得作为财务报销凭证，任何单位和个人有权拒收。

（2）没有填开付款方全称的发票。

（3）虚假发票和虚开发票。

（4）个人和家庭费用的发票。

法务合约部如何应对“营改增”

一、老合同（项目）的处理问题

尽快梳理过渡期合同，做好节点（2016 年 5 月 1 日）前后的发票开具与结算工作。

同时，根据合同履行情况，做好合同未履行部分的后期规划和磋商。

二、控制开具发票环节的法律风险

1. 防止虚开增值税专用发票。

没有经济行为，虚开发票，帮助取得方逃税，触犯刑法，后果严重。虚开发票也包括虽有实际经营行为，但受票人不是实际承受人的情况。

《刑法》第二百零五条第 1 款　虚开增值税专用发票最高刑为无期徒刑。

2. 为了控制开具发票风险，必须严格遵守“三证统一”、“三流统一”、“三价统一”原则。

“三证统一”原则

1. 法律凭证：合同、协议、制度、银行收付款凭证、运输单、保险单、法院判决书、各种鉴证报告、评估报告和各类文件。

2. 会计凭证：记账凭证、自制原始凭证、外来原始凭证、会计报表。

3. 税务凭证：发票、完税凭证、免税证明、不征税证明。

“三证统一”的核心思想

1. 合同与企业的账务处理相匹配，否则，要么做假账；要么做错账；

2. 合同与企业的税务处理相匹配，否则，要么多交税；要么少交税；

3. 合同与企业发票开具相匹配，否则，要么开假票；要么虚开发票。

“三流统一”原则

所谓“三流统一”，是指资金流（银行的收付款凭证）、票据流（发票的开票方和收票方）和物流（服务流）相互统一。“三流统一”不仅要求收款方、开票方和货物销售方或服务提供方必须是同一个经济主体，而且要求付款方、采购方或服务接受方也必须是同一个经济主体。

如果在经济交易过程中，不能满足“三流”统一，则会出现票款不一致，涉嫌虚开增值税专用发票行为，将被税务稽查判定为虚列支出，虚开发票，必须承担一定的行政处罚或刑事处罚责任。

法务合约部如何应对“营改增”

“三流统一”的前提条件是存在真实交易。

“三价统一”原则

所谓“三价统一”，是指合同价、发票价和结算价相互统一。即符合民法规定具有法律效力的合同或协议上注明的价格、发票上填写的金额和结算价格必须完全一致。

实践中，如果发票上的金额大于结算价，则一定是虚开发票；如果发票上的金额小于结算价，则企业有隐瞒收入之嫌疑。

合同价、发票价和结算价的相互统一，必须注意一个前提条件：

合同上的价格是符合民法规定有效合同上载明的价格，而不是阴阳合同或黑白合同上注明的价格。

财务部如何应对“营改增”

一、税负测算

按照“营改增”新政，测算未来企业的税负水平或某一特定项目的税负状况。

针对税负测算，提出进项税额抵扣、销项税额管理策略与方法。

二、“营改增”新政具体解释和落实

落实纳税人、纳税地点、预交税款、计税方法、发票认证、会计核算、纳税申报等系列工作要点。

财务部如何应对“营改增”

某银行税负情况分析
（2013－2015 年）

年度	纳税额	综合税负率
2013	2. 3959 亿	22. 25%
2014	3. 6273 亿	31. 36%
2015	3. 4599 亿	26. 75%

税负排前三位的是企业所得税、营业税和个人所得税，连续三年占企业总税负的 90% 以上。

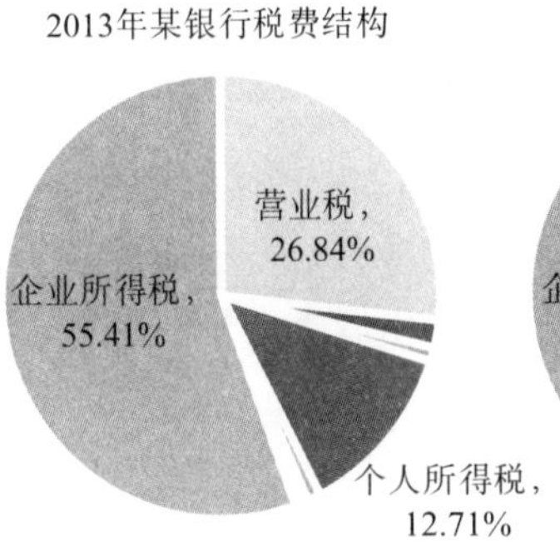

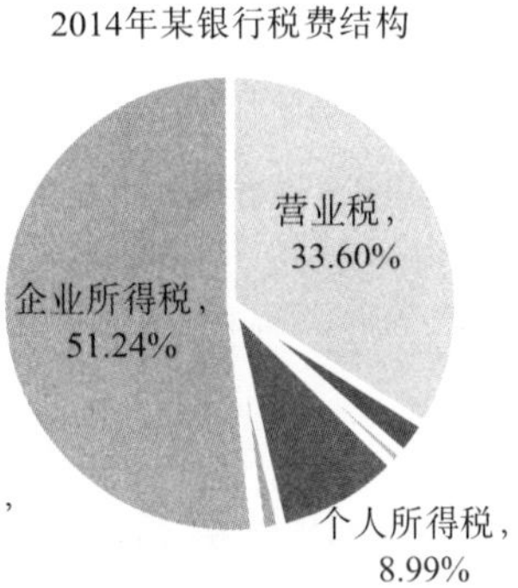

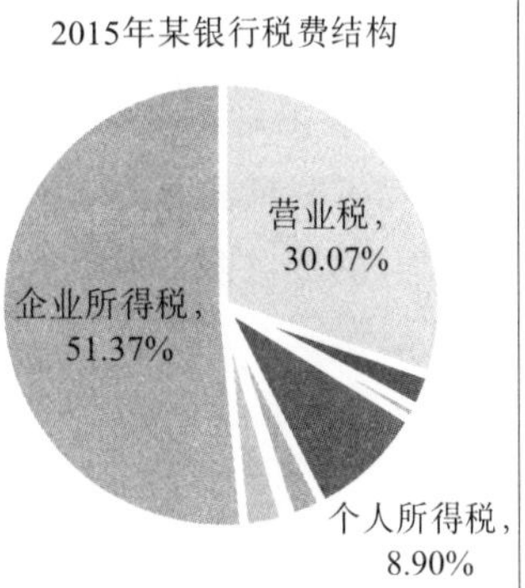

分析结论

【结论 1】 2015 年与 2014 年相比，收入增长 11. 83%，综合税负减少 14. 71%，主要是企业所得税减少 14. 49%，营业税减少 23. 65%，使得 2015 年度银行净利润增长 16. 63%。相比 2014 年银行止亏盈利，税负出现拐点式下降。

【结论 2】 2015 年度某银行税负中变化最大的是契税，从无到有，跃升到第 4 位，对银行整体税负影响较大，缴纳契税 11289257. 11 元，按税率 4% 计算，某银行有近 2. 8 亿元的不动产入账，因此房产税的税费比 2014 年度多交 320 万元。

财务部如何应对“营改增”

某银行税负情况预测
（2016年）

分析预测

1. 销项税额分析

银行业收入有3个税目，分别为贷款服务、直接收费金融服务、金融商品转让，销项税率均为6%。相比以前的营业税税率5%，税负仅增加1%。

但允许抵扣进项税额，故而增值税税负是增是降取决于进项税额抵扣情况。

2. 进项税额分析

不能抵扣情形：（1）用于简易计税方法计税项目；（2）集体福利或者个人消费（包括实际交际应酬消费）；（3）免征增值税项目；（4）购进旅客运输服务；（5）贷款服务；（6）餐饮服务；（7）娱乐服务；（8）居民日常服务。

某银行增值税负预测
（2016年）

银行业营业税、增值税的临界点：

应税收入＝A，可抵扣的采购支出＝B，假定采购支出的平均可抵扣率为6%，则有：

$A \times 5\% = A \times 6\% / (1 + 6\%) - B \times 6\% / (1 + 6\%)$

可得：$B/A = 7/60 = 11.67\%$

2015年应税收入如下：利息收入＋手续费收入＋其他业务收入＝39.70＋0.70＋0.05＝40.45（亿元）

可抵扣的采购支出＝40.45B×11.67%＝4.72（亿元）

财务部如何应对“营改增”

三、项目组织架构的选择

在某一地区，将一些项目公司设置为分公司，选择总机构汇总纳税，可以控制增值税负。

财税［2016］36 号：总机构和分支机构不在同一县市的，应当分别向各自所在地的主管税务机关申报纳税，经批准，可以由总机构汇总向总机构所在地税务机关申报纳税。

四、做好合同价款调整的准备

1. 比较税改前后税负变化，根据现实情况适时调整合同价格。

2. 需要更改合同价款的，尽量与“营改增”要求相匹配。尤其是三流统一的条款：资金流、票据流、物流（服务流）。

五、做好增值税发票管理工作

企业要在税务机关规定的纳税申报期限内，做好进项税和销项税的会计核算和抵扣工作。企业机构所在地要及时将所有在异地项目当期发生的增值税税票的原件收集齐全，在申报当期增值税时一并提交税务机关申请抵扣。

六、组织创办小规模纳税人

小规模纳税人在“营改增”后在所有类型企业中税负居于低位，属于“税收洼地”。

小规模纳税人有两种用途：

一是降低税负，可以通过一般纳税人与小规模纳税人税负均衡点测算，合理作出税务决策；

二是将集团或大企业的经营风险集中、转移，利用税务监管的宽松政策，实现一些隐性经营成本或经营费用的合理支付。

财务部如何应对“营改增”

小规模纳税人与一般纳税人的税负均衡点（不含税销售额）测算

假定纳税人的不含税增值率为 R，不含税销售额为 S，不含税的可抵扣购进金额为 P，一般纳税人适用的增值税率为 T_1，小规模纳税人适用的征收率为 T_2，则 $R=(S-P)\div S$。

$$
\begin{aligned}
\text{一般纳税人应纳增值税额} &= \text{销项税额}-\text{进项税额}\\
&= S\times T_1 - P\times T_1\\
&= S\times T_1 - S\times(1-R)\times T_1\\
&= S\times T_1\times[1-(1-R)]\\
&= S\times T_1\times R
\end{aligned}
$$

小规模纳税人应纳增值税额 $=S\times T_2$

当两者税负相等时，其增值率则为无差别平衡点增值率（不含税销售额）。

因此，销售额不含税下无差别平衡点增值率 $R^*=T_2\div T_1$。

无差别平衡点增值率（不含税销售额）

一般纳税人税率（T_1）	小规模纳税人征收率（T_2）	无差别平衡点增值率（R^*）
17%	3%	17.65%
13%	3%	23.08%
11%	3%	27.27%
6%	3%	50%

小规模纳税人与一般纳税人的税负均衡点（含税销售额）测算

假定纳税人的增值率为 R，含税销售额为 S，含税的可抵扣购进金额为 P，一般纳税人适用的增值税率为 T_1，小规模纳税人适用的征收率为 T_2，则 $R=(S-P)\div S$。

财务部如何应对“营改增”

无差别平衡点的增值率 $R^* = T_2 \times (1 + T_1) / [T_1 \times (1 + T_2)]$

请读者借鉴小规模纳税人与一般纳税人的税负均衡点（不含税销售额）的推导方法自行推导上述公式。

小规模纳税人与一般纳税人的税负均衡点测算

无差别平衡点增值率（含税销售额）

一般纳税人税率（T_1）	小规模纳税人征收率（T_2）	无差别平衡点增值率（R^*）
17%	3%	20.05%
13%	3%	25.32%
11%	3%	29.39%
6%	3%	51.46%

第8讲

金融业“营改增”账务处理

一、“应交税费”科目的设置

按照一般纳税人的会计处理核算。

在“应交税费”下设置8个二级科目：“应交增值税”、“未交增值税”、“预缴增值税”、“待认证进项税额”、“待转销项税额”、“增值税留抵税额”、“增值税检查调整”、“待抵扣进项税额”。在“应交增值税”下设置11个三级科目。

具体会计科目如下：

1. **应交税费——应交增值税**（进项税额）
（销项税额）
（减免税款）
（出口退税）
（已交税金）
（进项税额转出）
（转出未交增值税）
（转出多交增值税）
（出口抵减内销产品应纳税额）
（销项税额抵减）
（简易计税）

一、“应交税费”科目的设置

2. 应交税费——待抵扣进项税额
3. 应交税费——未交增值税
4. 应交税费——增值税留抵税额
5. 应交税费——增值税检查调整
6. 应交税费——待转销项税额
7. 应交税费——预缴增值税
8. 应交税费——待认证进项税额

二、“应交税费”科目对照表

借方	核算内容	贷方	核算内容
应交税费—应交增值税（进项税额）	购进商品、劳务或服务时支付的准予从销项税额中抵扣进项税额	应交税费—应交增值税（销项税额）	取得营业收入时应收取的增值税额
应交税费—应交增值税（减免税款）	用于记录该企业按规定抵减的增值税应纳税额，包括首次购买税控装置支付的费用以及缴纳的技术维护费	应交税费—应交增值税（进项税额转出）	已抵扣进项税额的购进商品或服务用于免税项目、个人消费或集体福利、发生非正常损失等情况时，核算转出的进项税额
应交税费—应交增值税（转出未交增值税）	记录期末转出应交未交的增值税税额	应交税费—应交增值税（转出多交增值税）	记录期末转出多交的增值税税额
应交税费—应交增值税（出口抵减内销产品应纳税额）	反映免抵退出口产品按规定计算的应免抵的税额	应交税费—应交增值税（出口退税）	符合出口退税企业出口申报的增值税税额
应交税费—应交增值税（已交税金）	纳税期（本季度）实际已经预缴的增值税税额		

二、“应交税费”科目对照表

借方	核算内容	贷方	核算内容
应交税费—未交增值税	1. 下期实际缴纳上期末缴的增值税税额； 2. 记录期末转出多交的增值税税额	应交税费—未交增值税	核算期末转入的应交未交增值税额
应交税费—待抵扣进项税额	核算按税法规定不符合抵扣条件，暂不予在本期申报抵扣的进项税额	应交税费—待抵扣进项税额	暂不予抵扣在以后期实际允许抵扣时的进项税额
应交税费—增值税留抵税额	待以后期间允许抵扣的留抵税额	应交税费—增值税留抵税额	记录从事兼营业务的营改增试点一般纳税人试点当月不得从试点应税服务中抵扣的进项税额
应交税费——增值税检查调整	增值税检查后应调减账面进项税额或调增销项税额和进项税额转出的数额	应交税费——增值税检查调整	增值税检查后应调增账面进项税额或调减销项税额和进项税额转出的数额，应借记本科目，贷记有关科目

三、增值税相关账务处理

1. “应交税费—应交增值税（进项税额）”的核算

银行采购物资、接受服务等，按取得的增值税专用发票可抵扣的增值税额，借记“应交税费—应交增值税（进项税额）”。

（1）购进办公用品，取得增值税专用发票，注明价款3000元，增值税额为510元。

借：管理费用　　　　　　　　　　　　　　　　3000

三、增值税相关账务处理

应交税费—应交增值税（进项税额）　510

贷：存放同业款项　3510

（2）支付贷款类利息以及与贷款相关的手续费支出，不得抵扣进项税额，支付时按照支付价款全额计入相关科目（类似的还有购进旅客运输服务、餐饮服务等）。

支付另一家商业银行债券利息 53 万元，同时支付与该利息相关的手续费 5.3 万元。

借：管理费用　53000

应付利息　530000

贷：存放同业款项　583000

（3）直接购进用于免税项目、个人消费或集体服务等的商品或服务，支付价款取得发票时，按照支付的价款全额计入有关成本或费用科目，不能计入“应交税费—应交增值税（进项税额）”。

购进一批用于职工福利的电视，取得专用发票注明价款 50 万元，增值税税额 8.5 万元。

借：应付职工薪酬—职工福利费　585000

贷：存放同业款项　585000

2. 应交税费—应交增值税—销项税额”的核算

销售物资或提供应税服务，按营业收入和应收取的增值税额，按专用发票上注明的增值税额，贷记“应交税费—应交增值税（销项税额）”。

（1）贷款利息收入。

2016 年 9 月 21 日，银行确认甲企业 9 月份应收贷款利息 10600 万元，9 月 25 日实际收到这笔利息。

借：应收利息　106000000

贷：利息收入—甲公司　100000000

应交税费—应交增值税（销项税额）　6000000

借：存放同业款项—甲企业　106000000

贷：应收利息　106000000

（2）同业拆放利息收入。

三、增值税相关账务处理

某营业部2017年3月份收到同业折借资金业务利息收入33000元，该笔同业拆放款项为一年期以内通过全国统一拆借系统进行。

借：存放同业款项　　33000

　　贷：利息收入—同业拆放利息　　33000

（3）手续费收入。

某营业部该营业部提供货币兑换、账户管理、电子银行等服务，共收取手续费84800元。

借：存放同业款项　　84800

　　贷：手续费及佣金收入—手续费　　80000

　　　　应交税费—应交增值税（销项税额）　　4800

（4）提供委托贷款服务。

甲企业、乙银行和丙企业均为一般纳税人。

甲企业在2016年7月1日，委托本银行向其关联方丙企业贷出500万元，并约定年利率为12.72%，贷款期限为2年，本银行根据贷款额度收取的年手续费率0.1272%。合同约定，丙企业每月月末支付甲企业利息，甲企业每月末支付本银行委托贷款的手续费。

2016年7月31日，丙企业支付甲企业7月份利息5.3万元。根据丙企业的要求，甲企业收到委托贷款利息时，开具增值税专用发票，发票上注明销售额5万元，增值税税额0.3万元。同日，甲企业支付本银行委托贷款手续费0.53万元，甲企业要求开具增值税专用发票，故乙银行开具增值税专用发票，注明手续费价款0.5万元，增值税税额0.03万元。

（5）提供委托贷款服务。

①收到甲企业委托资金：

借：存放同业款项　　5000000

　　贷：代理业务负债　　5000000

②发放贷款：

借：代理业务资产—丙企业委托贷款户　　5000000

　　贷：存放同业款项　　5000000

③收取手续费：

借：存放同业款项　　5300

三、增值税相关账务处理

　　　贷：手续费及佣金收入—委托贷款手续费　　5000
　　　　　应交税费—应交增值税（销项税额）　　300

④7 月底结息：

借：存放同业款项　　53000
　　贷：应付账款—甲企业　　53000

⑤到期付给甲企业：

借：应付账款—甲企业　　53000
　　贷：存放同业款项　　53000

（6）金融商品转让收入。

本行 2016 年 6 月 21 日转让其于 2016 年 5 月 20 日购入的股票，转让股票收入 1060 万元，向受让方开具普通发票，注明价款 1060 万元，支付其他税费 10 万元。购入时取得转让方开具的增值税普通发票，注明价款为 530 万元，同时发生相关税费 5 万元。购入后该证券公司将其作为交易性金融资产，持有期间时未发生应收未收股息红利，公允价值没有发生变动（注：买入和卖出时支付的税费不包含增值税，且支付的费用未取得增值税专用发票）。

（7）金融商品转让收入。

卖出股票的会计处理：

借：存放同业款项　　10600000
　　贷：交易性金融资产—股票　　5300000
　　　　投资收益　　4900000
　　　　应付佣金及税费　　100000
　　　　应交税费—应交增值税（销项税额）　　300000

（8）卖出黄金取得收入。

2017 年 5 月 30 日卖出黄金收到 70200 元，该部分黄金系 2017 年 4 月 20 日买入，买入时取得增值税专用发票，注明价款 50000 元，增值税税额 8500 元（转让黄金增值税税率 17%）。

借：存放同业款项　　70200
　　贷：其他业务收入—贵金属　　60000
　　　　应交税费—应交增值税（销项税额）　　10200

三、增值税相关账务处理

借：其他业务成本—贵金属　　　　　　50000

　　贷：贵金属—黄金　　　　　　　　　　50000

（9）房屋出租收入。

银行取得房屋租赁费1050元，该房屋是银行2016年4月30日前取得（选择按简易计税办法）。

借：存放同业款项　　　　　　1050

　　贷：其他业务收入　　　　　　1000

　　　　应交税费—应交增值税（销项税额）　　50

（10）房屋出租收入。

银行取得房屋租赁费1110元，该房屋是银行2016年4月30日后取得（一般计税方法）。

借：存放同业款项　　　　　　1110

　　贷：其他业务收入　　　　　　　　1000

　　　　应交税费—应交增值税（销项税额）　　110

（11）视同销售收入。

向其他单位或者个人无偿提供服务、无偿转让无形资产或者不动产，视同销售服务，但用于公益事业或者以社会公众为对象的除外。

以不动产投资入股、以不动产抵债、公司购买汽车分配给股东等，在增值税上按照“视同销售”，以本行同类同期服售价为销售额缴纳增值税。

（12）折扣销售（商业折扣）与销售折扣（现金折扣）。

①折扣销售：也叫商业折扣，是指银行按照服务销售价格开出发票，在此基础上给予买方一定比例的价格折扣。增值税条例规定，如果销售额和折旧额在同一张发票的“金额栏”上分别注明，可以按折扣后的销售额征收增值税（注意在备注栏注明的折扣额，应按折扣前的金额计缴增值税）；如果将折扣额另开发票，不论其在财务上如何处理，均不得从销售额中减除折扣额。

②销售折扣：是企业为了鼓励购买者在一定信用期内早日付款而给予购买方一定数额的折扣，等同于财务会计上所讲的现金折扣。销售折扣发生在销售服务之后，属于一种融资性质的理财费用，因此，销售折扣不得从销售额中减除。

三、增值税相关账务处理

（13）折扣销售（商业折扣）与销售折扣（现金折扣）。

银行于 2017 年 1 月 1 日向某企业提供一年期贷款 1200 万元，合同约定年利率为 5.3%，每月月底付息。由于该企业为本银行的长期合作客户，故银行与该企业签订补充条款，从 2 月起给予该企业 9.5 折的贷款利息优惠。故 2 月底银行就收到的该笔利息开具增值税专用发票，金额栏注明利息收入 5 万元，折扣额 0.25 万元，增值税额 0.285 万元。

借：存放同业款项　　50350

　贷：利息收入　　47500

　　应交税费—应交增值税（销项税额）　　2850

（14）销售折让与销售退回。

①销售折让。

销售折让是指货物销售或服务提供后，由于其品种、服务质量等原因购买方未予退货，但销售方需给予购买方一种价格折让。对销售折让可以按折让后的货款为销售额计算增值税。

银行于 2017 年 1 月 1 日销售其 2016 年 5 月购进的已经抵扣进项税额的已经使用过的物品，开具增值税专用发票注明价款 5000 元，增值税税额 850 元，款项暂未收到。2 月 15 日，购买方因该质量原因与银行协商，银行给予其 10% 的销售折让，并开具增值税红字专用发票，注明价款 500 元，税款 85 元。

借：其他应收款　　585（红字）

　贷：其他业务收入　　500（红字）

　　应交税费—应交增值税（销项税额）　　85（红字）

②销售退回。

增值税一般纳税人，若发生销售退回、开票有误时，或者部分退回时，应向主管税务机关申请开具红字专用发票，而对应的蓝字专用发票应该经过税务机关认证，抵减当月销项税额，并抵减收入和成本。

若上例中，发生 10% 部分的销售退回，开具增值税红字专用发票，注明价款 500 元，税款 85 元；退回部分对应成本 300 元，已经验收入库。

三、增值税相关账务处理

借：其他应收款　　585（红字）

　　贷：其他业务收入　　500（红字）

　　　　应交税费—应交增值税（销项税额）　　85（红字）

借：其他业务成本　　300（红字）

　　贷：低值易耗品　　300（红字）

3.“应交税费—应交增值税—减免税款”的核算

按抵减的增值税应纳税额，借记“应交税费—应交增值税（减免税款）”。

（1）首次购买税控装置和支付技术维护费。

一般纳税人首次购入增值税税控系统专用设备，按实际支付或应付的金额，借记“固定资产”科目，贷记“存放同业款项”科目。按规定抵减的增值税应纳税额，借记“应交税费—应交增值税（减免税款）”科目，贷记“递延收益”科目。按期计提折旧，借记“管理费用”等科目，贷记“累计折旧”科目；同时，借记“递延收益”科目，贷记“管理费用”等科目。

一般纳税人发生技术维护费，按实际支付或应付的金额，借记“管理费用”等科目，贷记“存放同业款项”等科目。按规定抵减的增值税应纳税额，借记“应交税费—应交增值税（减免税款）”科目，贷记“管理费用”等科目。

（2）2016年5月，银行首次购入增值税税控系统设备，支付价款5400元，同时支付当年增值税税控系统专用设备技术维护费500元。当月两项合计抵减当月增值税应纳税额5900元。

（3）首次购买税控装置和支付技术维护费。

①首次购入增值税税控系统专用设备并支付防伪税控系统专用设备技术维护费。

借：固定资产—税控设备　　5400

　　管理费用　　500

　　贷：存放同业款项　　5900

②抵减当月增值税应纳税额。

借：应交税费—应交增值税（减免税款）　　5900

三、增值税相关账务处理

贷：管理费用　500

递延收益　5400

（4）首次购买税控装置和支付技术维护费。

每月计提折旧时（假设按 3 年折旧，无残值）。

借：管理费用　150

贷：累计折旧　150

借：递延收益　150

贷：管理费用　150

（5）直接提供免税服务，不通过此科目核算，将收到的全部价款计入当期收入。

2016 年 7 月，收到国债利息 5.3 万元。

借：存放同业款项　53000

贷：利息收入—国债利息收入　53000

4.“应交税费—应交增值税（出口退税）”的核算

核算“免、抵、退”的企业，所享受的全部出口退税款，包括内销产品销项税抵减的进项税和不足抵减由税务机关退回的款项，这两部分共同形成实质上的出口退税款。注意办理退税时，先计算申报，以后才能收到退税款，申报时先通过“其他应收款 - 应收出口退税款（增值税）”科目核算，贷记“应交税费—应交增值税（出口退税）”。

借：其他应收款—应收出口退税款（增值税）

应交税费—应交增值税（出口抵减内销产品应纳税额）

贷：应交税费—应交增值税（出口退税）

5.“应交税费—应交增值税（已交税金）”的核算

银行发生缴纳当季度税金时，借记“应交税费—应交增值税（已交税金）”注意：本季度上缴上季度应交未交的增值税时，在“应交税费—未交增值税”科目中核算。

例如，当月预缴增值税 10000 元。

借：应交税费—应交增值税（已交税金）　10000

贷：存放同业款项　10000

三、增值税相关账务处理

6.“应交税费—应交增值税—进项税额转出”核算

将已抵扣进项税额的购进商品或服务用于免税项目、个人消费或集体福利、发生非正常损失等情况时，进项税额不应从销项税额中抵扣。应将已计入进项税额进行转出处理，即贷记“应交税费—应交增值税（进项税额转出）”。

2016年5月，银行向一般纳税人购进一批办公用品，支付收购价3万元，支付运费0.5万元，取得合法票据。月底将购进该批办公用品的20%发放给员工当福利（演示增值税进项转出会计核算）。

借：应付职工薪酬—应付福利费　　1130

　　贷：应交税费—应交增值税（进项税额转出）　　1130

注：（30000×17%+5000×11%）×20%＝1130（元）

7.“应交税费—应交增值税（转出未交增值税）”核算

记录银行月末转出应交未交的增值税，借记“应交税费—应交增值税（转出未交增值税）”。

银行某月增值税账户贷方的销项税额为30000元，借方的进项税额为17000元（假设已经全部经过税务机关认证），月末进行会计处理。

借：应交税费—应交增值税（转出未交增值税）　　13000

　　贷：应交税费—未交增值税　　13000

8.“应交税费—应交增值税（转出多交增值税）”核算

记录银行月末转出多交的增值税，贷记“应交税费—应交增值税（转出多交增值税）”。

2016年5月银行增值税账户贷方的销项税额为10000元，借方的进项税为8000元，已交税金为7000元，月末进行会计处理。

借：应交税费—未交增值税　　5000

　　贷：应交税费—应交增值税（转出多交增值税）　　5000

9.“应交税费—应交增值税（出口抵减内销产品应纳税额）”的核算

反映生产企业出口产品按规定计算的应免抵的税额，借记“应交税费—应交增值税（出口抵减内销产品应纳税额）”，贷记“应交税费——应交增值税（出口退税）”。

四、“应交税费—待抵扣进项税额”

核算银行按税法规定不符合抵扣条件，暂不予在本期申报抵扣的进项税额，借记“应交税费—待抵扣进项税额”。

增值税一般纳税人 2016 年 5 月 1 日后取得并在会计制度上按固定资产核算的不动产，以及 2016 年 5 月 1 日后发生的不动产在建工程，其进项税额应分 2 年从销项税额中抵扣，第一年抵扣比例为 60%，第二年抵扣比例为 40%。

纳税人 2016 年 5 月 1 日后购进货物和设计服务、建筑服务，用于新建不动产，或者用于改建、扩建、修缮、装饰不动产并增加不动产原值超过 50% 的，其进项税额按规定分 2 年从销项税额中抵扣。

上述进项税额中，60% 的部分于取得扣税凭证的当期从销项税额中抵扣；40% 的部分为待抵扣进项税额，于取得扣税凭证的当月起第 13 个月从销项税额中抵扣。

购进时已全额抵扣进项税额的货物和服务，转用于不动产在建工程的，其已抵扣进项税额的 40% 部分，应于转用的当期从进项税额中扣减，计入待抵扣进项税额，并于转用的当月起第 13 个月从销项税额中抵扣。

待抵扣进项税额记入“应交税金—待抵扣进项税额”科目核算，并于可抵扣当期转入“应交税金—应交增值税（进项税额）”科目。

对不同的不动产和不动产在建工程，纳税人应分别核算其待抵扣进项税额。

【案例】 购进不动产。

2016 年 5 月 1 日，银行购进办公楼一栋，取得增值税专用发票价款 3000 万元，增值税额 330 万元。

（1）购入时：

借：固定资产	30000000	
应交税费—应交增值税（进项税额）	1980000	
应交税费—待抵扣进项税额	1320000	
贷：存放同业款项		33300000

（2）第 13 个月允许抵扣时：

借：应交税费—应交增值税（进项税额）	1320000	
贷：应交税费—待抵扣进项税额		1320000

五、"应交税费—未交增值税"

1. 核算银行月末转入的应交未交增值税额，贷记"应交税费—未交增值税"。

借：应交税费—应交增值税（转出未交增值税）

　　贷：应交增值税—未交增值税

2. 实际缴纳增值税时，借记"应交增值税—未交增值税"，贷记"存放同业款项"、"吸收存款"等科目。

借：应交增值税—未交增值税

　　贷：存放同业款项

3. 记录银行月末转出多交的增值税，借记"应交税费—未交增值税"。

借：应交税费—未交增值税

　　贷：应交税费—应交增值税（转出多交增值税）

4. 期末"应交税费—未交增值税"科目的期末借方余额，反映多交的增值税；贷方余额，反映未交的增值税。下期缴纳本月应交未交的增值税，借记"应交税费—未交增值税"科目，贷记"存放同业款项"科目。下期收到退回多交增值税税款时，借记"存放同业款项"科目，贷记"应交税费—未交增值税"科目。

六、"应交税费—增值税留抵税额"

营改增试点地区兼有应税服务的原增值税一般纳税人，截止到开始试点当月月初的增值税留抵税额按照营业税改征增值税有关规定不得从应税服务的销项税额中抵扣的，应在"应交税费"科目下增设"增值税留抵税额"明细科目。

开始试点当月月初，企业应按不得从应税服务的销项税额中抵扣的增值税留抵税额，借记"应交税费—增值税留抵税额"科目，贷记"应交税费—应交增值税（进项税额转出）"科目。待以后期间允许抵扣时，按允许抵扣的金额，借记"应交税费—应交增值税（进项税额）"科目，贷记"应交税费—增值税留抵税额"科目。

"应交税费—增值税留抵税额"科目期末在资产负债表中的"其他流动资产"项目列示。

七、“应交税费—增值税检查调整”

增值税一般纳税人在税务机关对其增值税纳税情况进行检查后，凡涉及增值税涉税账务调整的，应设立“应交税费——增值税检查调整”专门账户。

凡检查后应调减账面进项税额或调增销项税额和进项税额转出的数额，应借记有关科目，贷记本科目；凡检查后应调增账面进项税额或调减销项税额和进项税额转出的数额，应借记本科目，贷记有关科目；全部调账事项入账后，应结出本账户的余额，并将该余额转入“应交税费——未交增值税”。本账户期末结账后无余额。

八、年终结账前增值税纳税调整

对于银行年终结账前增值税纳税调整的当期应纳增值税款，可用“应交税费——增值税检查调整”科目直接调整损益类或其他会计科目。

1. 销项税额的调整

（1）不计或少计收入的账务处理。

主要包括价外费用、未按规定冲减红票等经济事项而引起会计处理上少计或不计收入，达到少缴销项税的目的。检查发现以上行为，应按照少计的不含税收入和适用税率，算出应补缴的增值税税额，若收入属于本年，作如下会计处理。

借：存放同业款项（其他应付款等）

　　贷：利息收入（手续费收入等收入科目）

　　　　应交税费—增值税检查调整

（2）视同销售行为未计销项税的账务处理。

银行发生以不动产抵债、以不动产投资、无偿赠送应税服务等视同销售业务时，应按照同类商品或服务的正常售价或组价计税纳税，未申报应交增值税的，检查调整时作如下会计处理。

八、年终结账前增值税纳税调整

借：营业外支出（长期股权投资、应付股息等）

贷：应交税费—增值税检查调整

（3）税率使用错误少计销项税的账务处理。

银行作为一般纳税人，适用的增值税税率有6%、11%、17%，对于其提供的金融服务，适用6%的税率，转让无形资产、不动产适用11%的税率、销售使用过物品和金银适用17%的税率。比如若在销售金银时，本应按17%纳税，但选择了6%的税率，纳税检查发现后，应按照两个税率的差异计算补缴税额，并作如下会计处理。

借：应收账款（应收票据、存放同业款项等）

贷：应交税费—增值税检查调整

2. 进项税额的调整

（1）擅自扩大抵扣范围的账务调整。

按照增值税暂行条例和营改增试点办法，用于免税项目、简易计税办法、职工福利和集体福利，或者发生非正常损失的购进商品、劳务和服务等，其进项税额不得从销项税额中抵扣。若违反规定将上述进项税额抵扣，或者将购进改变用途用于以上项目、发生非正常损失，却未作进项税额转出的，作如下会计处理。

借：应付职工薪酬（待处理财产损溢等）

贷：应交税费—增值税检查调整

（2）根据不合法的扣税凭证进行抵扣的账务调整。

一般纳税人应将取得的增值税专用发票、海关开具的完税凭证、货物运输业专用发票、农产品收购凭证等作为扣税凭证，若一般纳税人将普通发票等非合法凭证作为依据而抵扣了进项税额，检查发现后，作如下会计处理。

借：固定资产（低值易耗品、管理费用等）

贷：应交税费—增值税检查调整

（3）少抵扣进项税额的账务调整。

若银行少抵扣了进项税额，则按照规定计算出少抵扣的进项税额后，作如下会计处理。

借：应交税费—增值税检查调整

贷：固定资产（低值易耗品、管理费用等）

九、年终结账后增值税纳税调整

对于银行年终结账后，税务机关对增值税进行纳税调整，如果涉及损益类科目的，应将查减、查增相抵后的应补增值税作如下处理：

借：相关科目

　　以前年度损益调整

　　贷：应交税费—增值税检查调整

如果涉及非损益类科目的，按照年终结账前的有关账务处理方法进行处理。

十、村镇银行简易征收账务处理

【案例】 某村镇银行（一般纳税人）2016 年 9 月份取得账户管理手续费收入 20600 元，采取简易计税办法，适用 3% 的征收率。简易计税方法计算的税额填入增值税申报表主表简易计税应交增值税税额行，并注意与一般计税方法下应交增值税（分销项税额和进项税额）区分。

分析：应纳增值税 $=20600/(1+3\%)\times3\%=600$（元）

借：存放同业款项　　20600

　　贷：手续费及佣金收入—账户管理费收入　　20000

　　　　应交税费—未交增值税　　600

第9讲

金融业“营改增”疑点与难点解析

同业往来利息收入的税收政策

《财政部、国家税务总局关于全面推开营业税改征增值税试点的通知》财税［2016］36号附加3免征增值税项目中规定：金融机构间的资金往来业务，是指经人民银行批准，进入全国银行间同业拆借市场的金融机构之间通过全国统一的同业拆借网络进行的短期（一年以下含一年）无担保资金融通行为。

【思考】文件中提到的“全国统一的同业拆借网络”，具体是指什么网络平台？

根据2007年8月6日施行《人民银行发布同业拆借管理办法》第三条规定：全国统一的同业拆借网络包括：（一）全国银行间同业拆借中心的电子交易系统；（二）中国人民银行分支机构的拆借备案系统；（三）中国人民银行认可的其他交易系统。因此，资金部的同业拆借业务只要满足《人民银行发布同业拆借管理办法》的规定，在目前的增值税模式下应属于免征增值税项目。

同业往来利息收入的税收政策

财税［2016］36 号附加 3《营业税改征增值税试点过渡政策的规定》第一条第二十三项规定，金融同业往来利息收入免征增值税。

1. 金融机构与人民银行所发生的资金往来业务。

包括人民银行对一般金融机构贷款，以及人民银行对商业银行的再贴现等。

2. 银行联行往来业务。同一银行系统内部不同行、处之间所发生的资金账务往来业务。

3. 金融机构间的资金往来业务

金融机构间的资金往来符合免税政策，必须属于线上同业拆借，即是指经人民银行批准，进入全国银行间同业拆借市场的金融机构之间通过全国统一的同业拆借网络进行的短期（一年以下含一年）无担保资金融通行为。

4. 金融机构之间开展的转贴现业务

①为票据贴现；②为转贴现，转贴现属于免税业务。

转贴现政策图解

①为票据贴现，②为回购式转贴现，③为票据回购。

整体而言，票据贴现不属于金融商品转让这一税目，因而不能差额计征增值税。但实质上③是又一次的转贴现，此时B银行为贴出方，A银行为贴入方。则按照36号文关于免税的规定，③环节同②一样无须缴纳增值税。而①环节的贴现收入则需作为贷款服务收入全额计征增值税。这一政策给金融机构之间提供了相互协商利用免税政策筹划的操作空间。

财税［2016］46 号文对“金融同业往来利息收入免征增值税”补充两项业务：

同业往来利息收入的税收政策

1. 质押式买入返售金融商品

质押式买入返售金融商品：交易双方进行的以债券等金融商品为权利质押的一种短期资金融通业务。

2. 持有政策性金融债券

政策性金融债券：政策性金融债券是指开发性、政策性金融机构发行的债券。

按照《财政部、国家税务总局关于金融机构同业往来等增值税政策的补充通知》（财税［2016］70号）的规定，金融机构开展下列六项业务取得的利息收入，属于《营业税改征增值税试点过渡政策的规定》（财税［2016］36号）第一条第（二十三）项所称的金融同业往来利息收入，享受免征增值税优惠政策：

（1）同业存款；（2）同业借款；（3 同业代付；（4）买断式买入返售金融商品；（5）持有金融债券；（6）同业存单。上述六项业务的具体内容参见附录：财税［2016］70号文规定。

金融机构逾期贷款利息的税务处理

《贷款通则》（中国人民银行令［1996］2号）第三十四条中规定：“逾期贷款，系指借款合同约定到期（含展期后到期）未归还的贷款（不含呆滞贷款和呆账贷款）。”第十二条规定：“不能按期归还贷款的，借款人应当在贷款到期日之前，向贷款人申请贷款展期……短期贷款展期期限累计不得超过原贷款期限；中期贷款展期期限累计不得超过原贷款期限的一半；长期贷款展期期限累计不得超过3年。国家另有规定者除外。借款人未申请展期或申请展期未得到批准，其贷款从到期日次日起，转入逾期贷款账户。”

金融机构逾期贷款利息的税务处理

财税［2016］36 号文规定：金融企业发放贷款后，自结息日起 90 天内发生的应收未收利息按现行规定缴纳增值税，自结息日起 90 天后发生的应收未收利息暂不缴纳增值税，待实际收到利息时按规定缴纳增值税。

【解释】 从 2016 年 5 月 1 日以后，对于逾期超过 90 日的应收利息，可暂不计缴增值税。但是，未允许其将已征税应收利息（90 日内）在销售额中减除，即应收利息逾期未超 90 日（含），计提并缴纳增值税，应收利息逾期超过 90 日未收到暂不缴，待实际收到缴纳，已征税销售额不能在当期减除。

财政部《关于缩短金融企业应收利息核算期限的通知》（财金［2002］5 号）规定：“贷款利息自结息日起，逾期 90 天（含 90 天）以内的应收未收利息，应继续计入当期损益；贷款利息逾期 90 天（不含 90 天）以上，无论该贷款本金是否逾期，发生的应收未收利息不再计入当期损益，在表外核算，实际收回时再计入损益。对已经纳入损益的应收未收利息，在其贷款本金或应收利息逾期超过 90 天（不含 90 天）以后，金融企业要相应作冲减利息收入处理。

贷款本金逾期超过 90 天（不含 90 天），作为呆滞贷款。

五级分类办法实施后，贷款按新的办法进行分类。

【案例】 2016 年 5 月 1 日贷款人申请贷款 10 万元，期限 1 年，假设该笔贷款从未按时支付利息，则金融机构处理方法如下：

（1）7 月 31 日计息期计算 2016 年 5－7 月贷款利息收入；

（2）2016 年 8 月 1 日起，每月利息收入不征增值税，贷款 10 万元转入表外（利息逾期 90 日）；

金融机构逾期贷款利息的税务处理

金融机构逾期贷款利息的税制演变

税　　种	文件号	执行期间	逾期90内（含）	逾期超90日	已征税利息	备注
营业税	财税［2002］182号	2002/1/1－2009/1/1	征税	不征（实际收款时征）	准予从当期营业额中减除	已取消营业税
	条例第五、十二条及其细则第十三、二十四条	2009/1/1－2016/5/1	征税	征税	无	
	国家税务总局稽查局关于农业银行和建设银行检查工作指导意见		征税	征税	无	
增值税	财税［2016］36号	2016/5/1起	征税	不征（实际收款时征）	未准予从当期销售额中减除	当前有效
企业所得税	国税函［2002］960号	2002/11/7－2011/1/4	计入应纳税所得	不计入（实际收款时计入）	准予冲减当期的应纳税所得额	
	企便函［2009］33号	2009/9/4－2011/10/13	计入应纳税所得	计入应纳税所得	无	
	国总［2010］23号	2010/12/6至今	计入应纳税所得	不计入（实际收款时计入）	准予冲减当期的应纳税所得额	当前有效

票据贴现、转贴现的涉税处理

1. 票据贴现 = 贴现 + 转贴现 + 再贴现

（1）贴现：客户（持票人）将没有到期的票据出卖给贴现银行，以便提前取得现款。贴现在实务中也被称为“直贴现”。

（2）转贴现：银行以贴现购得的没有到期的票据向其他商业银行所作的票据转让，转贴现一般是商业银行间相互拆借资金的一种方式。

（3）再贴现：商业银行持已贴现、未到期的银行承兑汇票到人民银行申请资金，经审查同意后，人民银行给予商业银行所需资金。

2. 贴现的税收政策

《财政部、国家税务总局关于转发〈国务院关于调整金融保险业税收政策有关问题的通知〉的通知》（财税字［1997］45 号）规定：对金融机构办理贴现、押汇业务按“其他金融业务”征收营业税。金融机构从事再贴现、转贴现业务取得的收入，属于金融机构往来，暂不征收营业税。

金融机构贴现业务收取的贴现利息要缴纳营业税，而再贴现和转贴现业务则不需要缴纳营业税。

按照原营业税精神，营业税改征增值税后，再贴现和转贴现也不缴纳增值税。

售后回租不能抵扣的问题

财税［2016］36 号文将售后回租归入金融服务的“贷款服务”税目，税率从 17% 降至 6%，租赁公司售后回租业务的税负下降；由于售后回租承租人无法抵扣利息支出的进项税额，采用租赁模式实施结构性减税的效果明显减弱，故承租人实际融资成本上升。租赁公司减少的税负远少于承租人实际增加的融资成本，这使得售后回租丧失了相对银行贷款的节税优势，这对金融租赁行业的业务模式、定价结构及行业竞争力产生深远的影响。

差额抵扣利息支出的范围问题

随着国内资本市场多元化发展，金融租赁公司的融资渠道已不仅限于银行借款以及发行债券，比如IPO、资产证券化、保理、信托等，但36号文对融资租赁差额征税扣除项目仅包括对外支付的借款利息（包括外汇借款和人民币借款利息）及发行债券利息，从而局限了金融租赁公司的融资渠道，不利于金融租赁公司通过多渠道融资来降低融资成本，并在一定程度上限制了金融租赁公司增加规模所亟须的长期资金支持。

租赁业逾期90天利息收入免税政策遗漏

财税［2016］36号文在确认逾期90天以上应收未收利息暂不缴纳增值税的主体时，未将金融租赁公司包含在金融企业范围内。

金融租赁公司按照《财政部关于金融租赁企业执行金融企业应收利息核算办法的规定》，在会计处理上也采用逾期90天以上应收未收利息冲减当期利息收入不再计提流转税的做法，如果税收政策不允许金融租赁公司比照金融企业“自结息日起90天后发生的应收未收利息暂不缴纳增值税”，将导致金融租赁公司自结息日起90天后发生的应收未收利息暂不缴纳增值税缺乏有效的税收政策支持，并且在核算上出现税会差异，由此金融租赁公司将产生极大的税务风险。

第 10 讲

金融业“营改增”框架下的税收筹划

金融业税收筹划之一：纳税人筹划

一般纳税人与小规模纳税人的政策差异

一般纳税人提供金融服务适用的税率均为 6%（除过渡时期有形动产融资性售后回租业务），可以抵扣进项税额；小规模纳税人适用较低的 3% 的征收率，但是不允许抵扣进项税额。

假定纳税人的含税增值率为 R，含税销售额为 S，含税的可抵扣购进金额为 P，一般纳税人的使用增值税税率为 6%，小规模纳税人适用的征收率为 3%。经过测算，对于提供金融服务的纳税人，存在一个临界增值率，即税负无差别均衡点的增值率为 $R^{*}=3\%\times(1+6\%)/[6\%\times(1+3\%)]=51.46\%$。当纳税人提供金融服务的增值率低于这一临界点时，选择一般纳税人更为有利；反之，选择小规模纳税人更为有利。

金融业税收筹划之一：纳税人筹划

【案例分析】

亨泰小额贷款公司是北京市一般纳税人，在2017年1月至12月，因提供贷款服务共收到贷款利息530万元，假设同期没有可以抵扣的进项税额。应纳增值税额 $=530\div1.06\times0.06=30$（万元）。

【筹划方案】

如果将亨泰小额贷款公司拆分成两个公司，甲公司和乙公司，为小规模纳税人，分别在2017年提供贷款收到利息318万元和212万元，假设同期没有可以抵扣的进项税额，则有：甲公司应缴纳增值税 $=318\div1.03\times0.03=9.26$（万元），乙公司应缴纳增值税 $=212\div1.03\times0.03=6.17$（万元）合计应纳增值税额 $=9.26+6.17=15.43$（万元）。

金融业税收筹划之二：汇总纳税筹划

总分机构汇总纳税筹划

根据国家税务总局2016年第23号公告，原以地市一级机构汇总缴纳营业税的金融机构，营改增后继续以地市一级为汇总缴纳增值税。同一省范围内的金融机构，经省国家税务局和财政厅批准，可以由总机构汇总向总机构所在地的主管税务机关申报缴纳增值税。

在符合金融机构发展要求的基础上，选择总分机构汇总纳税，有利于综合抵扣不同分支机构发生的进项税额，获得货币的时间价值。

【案例分析】总分机构汇总纳税的税收筹划

某证券公司总部设在广东深圳，并在广州、珠海设有一级分公司。某季度深圳总部增值税应税不含税收入为2000万元，税率为6%，进项税额为50万元；广州分公司应税服务收入为106万元，进项税额10万元；珠海分公司不含税收入为200万元，税率为6%，进项税额为30万元。目前采用的是分支机构自行申报纳税的方式。该季度纳税额计算如下：

金融业税收筹划之二：汇总纳税筹划

总机构应纳增值税额 =2000 ×0. 06 –50 =70（万元）

广州分公司应纳增值税额 =106 ÷1. 06 ×6% –10 = –4（万元）

广州分公司下季度留抵 4 万元；

珠海分公司应纳增值税额 =200 ×0. 06 –30 = –18（万元）

珠海分公司下季度留抵 18 万元；总分机构合计应纳增值税额为 70 万元。

【筹划方案】

该证券公司向广东省财政厅和国家税务局申请汇总缴纳增值税。实施汇总纳税后，

销项税额总金额 =2000 ×0. 06 +106 ÷1. 06 ×0. 06 +200 ×0. 06 =138（万元）；进项税额总金额 =50 +10 +30 =90（万元）；

应纳增值税税额 =138 –90 =48（万元）

相比于各自申报缴税，本季度少缴税 22 万元，推迟了税款的支付时间，获取了货币的时间价值。

金融业税收筹划之三：推迟纳税时间

合理安排税基实现时间

提供金融服务的纳税义务发生时间，为提供金融服务并收讫销售款项或取得销售凭证的当天，即为书面合同约定的付款日期当天；未签订书面合同或者未约定付款时间，为应税服务发生当天。但是先开具票据的，为开具票据当天。

金融服务企业可以通过申请延期申报、合同安排、分期开票等方法推迟税基确认时间，获取货币的时间价值。对于提供贷款服务的企业，往往在签订书面合同时，约定付款时间。

但是财税［2016］36 号文规定，对于超过 90 天逾期贷款利息，暂不确定销售额，待实际收到时确认利息收入。银行等贷款机构可以通过分期签订合同、改变利息支付时间等方法以避免逾期贷款利息计入当期销售额。

金融业税收筹划之三：推迟纳税时间

【案例分析】

某商业银行于 2016 年 7 月 11 日向某企业贷出 1000 万元的三月期贷款，约定贷款月利息为 3%，并于每月 11 日付息。但是由于该企业经营状况差，并没有向该银行按时支付 7、8、9 三个月份的利息。该银行在 10 月 10 日向主管税务机关办理增值税申报，对于该企业 7、8、9 月份拖欠银行的利息，尚未超过 90 天，仍应该计入增值税销售额，需要缴纳增值税。

【筹划方案】

该商业银行可以通过两个办法来推迟该企业拖欠的 7 月份的应收未收利息的收入确认时间。

方法一：签订贷款合同时，约定于每月月初支付利息。

在这种情况下，商业银行分别于 7 月 1 日、8 月 1 日、9 月 1 日计提利息收入，在 10 月 10 日进行增值税申报时，该企业欠银行 7 月份的贷款利息已经超过 90 天未支付，暂不缴纳增值税；仅需就该企业 8、9 月份拖欠银行的利息，缴纳增值税。

方法二：推迟纳税申报时间，在 10 月 11 日之后的 12、13、14 或者 15 日申报纳税。

金融业税收筹划之四：降低税基筹划

降低税基筹划方法

1. 提供金融服务的企业，可以通过尽量安排在同一年度转让金融商品，以利用金融商品转让的正负差来减少税基，减少销项税额；

2. 发生销售退回时尽量取得增值税红字专用发票、选择合适的供应商（一般纳税人或小规模纳税人）、从其他途径取得降价补偿等方法，减少销项税额、增加进项税额，来降低增值税税负。

金融业税收筹划之五：降低税率筹划

降低税率筹划方法

提供金融服务的一般纳税人，适用税率一般均为 6%。“营改增”之后，增值税的税率繁多，经常会出现兼营不同税率或征收率的应税项目、兼营应税项目和免税项目、视同销售额等情况，企业应该分别核算。

例如，一个企业同时提供增值税金融服务和其他服务，应该分别核算金融服务和其他服务，分别签订销售合同，避免不能分别核算而导致从高适用税率。

对于针对有形动产融资性售后回租规定了过渡政策，可以选择按照贷款服务适用 6% 的税率，也可以按照租赁服务适用 17% 的税率，纳税人在适当情况下尽量选择按照贷款服务适用较低税率。

而对于融资租赁和融资性售后回租，其业务本质都具有融资性质，但融资性售后回租的税率低于融资租赁的税率，因此可以转化两种租赁方式以降低适用的税率。

金融业税收筹划之六：融资租赁筹划

区分融资性售后回租和融资租赁

对于有形动产融资租赁业务，可以通过改变交易方式，使该业务转变为有形动产融资性售后回租业务，适用更低的税率。

【案例分析】 A 融资租赁公司为经人民银行批准经营融资租赁的公司，于 2016 年 7 月贷款 1404 万元购买一台机器设备，取得增值税专用发票，注明价款 1200 万元，增值税 204 万元；同月将其融资出租给甲公司，并取得甲公司支付的生产设备融资租赁的全部价款和价外费用为 1838 万元，可以扣除的借款利息为 200 万元。那么 A 公司该月的应税销售额为 1400 万元，其就 1400 万元开具增值税专用发票，注明租金 1400 万元，增值税税额 238 万元。7 月份，A 公司应缴纳的增值税为 34（238 - 204）万元。

金融业税收筹划之六：融资租赁筹划

【筹划方案】

假设A融资租赁公司向银行贷款1404万元，购买该生产设备，并由工厂与甲公司签订供货合同，工厂向甲公司开具增值税专用发票，注明价款1200万元，增值税204万元；之后甲公司与A融资租赁公司签订销售合同，销售合同约定售价和公允价值均为1404万元；同日签订融资租赁合同，合同约定甲公司向A融资租赁公司支付1838万元，可以扣除的价款本金及借款利息分别为1404万元、200万元。

分析：A融资租赁公司该月的应税销售额为220.75[(1838－1404－200)÷1.06]万元，其仅就220.75万元开具增值税专用发票，注明租金220.75万元，增值税税额13.25万元。7月份，A公司应缴纳的增值税为13.25万元。

该方案与原方案比较，由于有形动产融资性售后回租适用6%的税率，而原方案中有形动产融资租赁适用17%的税率，通过改变交易形式，进而降低服务的适用税率，最终A融资租赁公司少缴纳增值税20.75万元；而对于甲公司，该方案下还可以多抵扣购买生产设备对应的进项税额204万元，即通过税收筹划实现了双赢。

金融业税收筹划之七：优惠政策筹划

利用金融业税收优惠政策筹划

针对金融服务的税收优惠政策主要有：一般免税规定、出口货物保险和为境外单位之间资金融通所提供的直接收费金融服务免税、过渡时期针对有形动产融资性售后回租的政策选择权、融资性售后回租适用税负超3%即征即退、符合条件的逾期贷款的应税未收利息暂不征税等。

利用税收优惠政策进行筹划，就是通过调整定价、选择更优惠的税收政策、控制收入确认时间等方法，使提供的金融服务符合税收优惠政策的适用条件，以享受税收优惠政策，例如为中小企业提供担保的担保公司，合理确定担保费收入，使其提供的担保服务符合免税规定；同时注意分别核算应税项目和免税项目。

金融业税收筹划之七：优惠政策筹划

利用同业拆借免税政策筹划

“营改增”之后，假设甲银行重新与乙担保公司签订同业拆出合同，约定拆借期限在一年以下（含），并通过全国统一的同业拆借网络进行。

【案例分析】

甲银行为 W 市的一般纳税人，其 2016 年第三季度共取得同市的乙担保公司支付的同业拆出利息 106 万元，该笔同业拆出贷款的贷款期限为 9 个月，但没有通过全国统一的同业拆借网络进行拆借，故甲银行第三季度取得的该笔同业拆出利息不能享受符合条件的同业往来利息免税的优惠政策，应该就该笔同业拆出利息缴纳增值税 6 万元。

【筹划方案】根据财税［2016］36 号文对同业往来利息免税的具体规定，在中国人民银行批准的拆借限额内，尽量与同业金融机构通过全国统一的同业拆借往来进行拆借，同时约定拆借期限在一年以内，才能够享受同业往来利息免税政策。

这一规定与营业税制度相比，免税政策适用更加严格，金融机构需要严格按照 36 号文规定的条件进行同业拆借操作。

另外，金融业还有一些业务适用减免增值税的规定，如发放国家助学贷款的利息收入，购买国债、地方政府债的利息收入等。

金融业税收筹划之八：转贷业务筹划

转贷业务的营业税计算公式为：

应纳营业税 =（贷款利息 − 借款利息）×税率

这项业务筹划的关键，在于提高借款利息收入，降低贷款利息收入，缩小利息差距，从而达到税收筹划的目的。

【案例分析】乙银行从丙银行拆借 200 万元人民币，转贷给某公司使用 3 个月。乙银行共收取利息 6 万元，支付给丙银行利息 4 万元。

应纳营业税 =（6 − 4）×8% =0.16（万元）

金融业税收筹划之八：转贷业务筹划

如果乙银行通过降低转贷利息收入，提高拆借利息支付，使6万元利息收入变为5万元，使4万元利息支出变为5万元，其差额为零，从而减少税款0.16万元。企业再通过投资于银行或其他途径，将这笔利息返还银行。这样，就达到了税收筹划的目的。

金融业税收筹划之九：中间业务筹划

银行中间业务筹划

银行中间业务，是指通过中间服务获取手续费收入的业务，其营业税计算公式为：

应纳营业税＝银行各业务手续费收入×税率（5%）

“营改增”后此项收入的适用税率提高为6%，税收筹划的关键在于降低手续费收入，然后通过其他途径求得交换补偿。

金融业税收筹划之十：购买、外包及资产结构调整

利用购买、外包及资产结构调整筹划

金融业“营改增”后，企业购进不动产（办公楼等）、租赁不动产，以及不动产修缮、装饰；购买计算机硬件设备、委托其他单位维护系统，购买网络信息传输等电信服务，委托开发各类软件系统，外包呼叫中心服务，购买广告、宣传服务（包括从境外公司购买的广告服务等），购买安保、押运服务，委托他人代办金融业务（包括代办保险）的手续费佣金，支付各类办公用品、水电费等运营费用，购买交通运输车辆、购置无形资产等均可抵扣进项税额。

因此，采用外包和多元化采购业务，以及积极调整金融机构内部资产结构，均可以有效降低增值税税负。

【案例分析】某银行当期销售额为100万元，购买水电、办公设备等支付20万元，需要缴纳营业税为：

100×5%=5（万元）

“营改增”后，增值税销项税额为：

100万÷(1+6%)×6%=5.66（万元）

采购取得增值税专用发票可抵扣进项税额为：

20万÷(1+17%)×17%=2.91（万元）

应纳增值税额=5.66万-2.91=2.75（万元）

金融业税收筹划之十：购买、外包及资产结构调整

"分离＋外包"模式

所谓"分离＋外包"是将现有部门创设为独立法人机构并为集团继续提供服务，如现有组织架构中的安全保卫部、科技部等；为了达到监管要求，某些部门必须存在于公司，但可通过"新设＋外包"方式设立新企业并将这些部门的业务转移，如风险控制与业务合规部的部分业务可通过BPO形式转移至新设企业、财务部的部分业务可通过KPO形式加以转移。金融服务外包的形式多样，政策要求也较为宽松，在实际操作时可灵活应变、组合。

【案例分析】某金融机构A新设企业B（一般纳税人）并转移了部分业务内容。B完成该项任务共发生成本、费用合计额为30000元，分摊至该项业务的进项税额共为2000元。

B向A收取40000元（不含税）作为服务收费，同时缴纳增值税2400元。假设没有新设企业B，这项业务由A公司原班人马完成，则发生的成本、费用合计仍为30000元，对应的进项税额仍为2000元。

外包前，A公司应纳增值税额＝－2000元

外包后，A、B合计应纳增值税＝－2000元

外包前，A公司企业所得税扣除额为30000元；外包后A公司企业所得税扣除为40000元，B企业应纳税所得额新增10000元。

看似A、B合计考虑时外包前后对其企业所得税没有影响，但其实不然，新设的B企业可以享受到小微企业（优惠税率20%）亦或是高新技术企业（15%优惠税率）低税率政策，起到整体节税的作用。

由于增值税抵扣链条存在，A、B之间不论采用什么样的税率（或征收率）计征了多少增值税，一缴一扣的完全抵消其实对整体没有实际影响。

采用这样的外包方式需要满足如下条件：新设企业确定符合企业所得税或增值税的税收优惠条件，不然只会增加企业的日常管理压力、分散企业的精力。另外，在利用企业所得税税率差进行利润分配的时候要注意定价的合理性，避免因关联交易引发主管税务机关的质疑。

第 11 讲

“营改增”的系统性思考

“营改增”的系统性思考

1. 劳动力密集型企业税负会显著增加

机械化大生产要求纳税人购进大量设备和技术，这样就能产生大量可抵扣的进项税额。沿着这一思路，企业经营活动就会出现两种典型倾向：

（1）机械驱逐人力。能采用机器设备进行大规模生产的必然采取机械化大生产，以获取更多的进项税额抵扣。

（2）接受劳务派遣公司外供方式解决劳动力问题，能够充分获得进项税额抵扣，这也是解决人力资源不能抵扣进项税额的替代性办法。

【思考】如何进一步控制人力成本支出占总支出的比重？

金融机构需要大量的劳动力，采取劳务派遣公司外供方式不仅可以解决劳动力供给问题，还可以获取进项税额抵扣。

一般纳税人提供劳务派遣服务，按照财税［2016］36 号的相关规定：以取得的全部价款和价外费用为销售额，按照一般计税方法计算缴纳

“营改增”的系统性思考

增值税；也可以选择差额纳税，以取得的全部价款和价外费用，扣除代用工单位支付给劳务派遣员工的工资、福利和为其办理社会保险及住房公积金后的余额为销售额，按照简易计税方法依5%征收率计缴增值税。

但选择差额纳税的纳税人，向用工单位收取用于支付给劳务派遣员工工资、福利和为其办理社会保险及住房公积金的费用，不得开具增值税专用发票，可以开具普通发票。

“营改增”的系统性思考

2. 成本因价税分离而减少

增值税是价外税，物资采购及成本费用支出需要进行价税分离，结果造成一定程度的成本、费用降低，但允许抵扣增值税进项税额，少缴纳增值税，但由于成本、费用的降低一定程度上提高了企业所得税的税负水平。“营改增”对增值税、成本核算、利润总额以及企业所得税产生综合性影响。

购入成本、费用项目	增值税	成本	所得税
交通运输服务：	[1/(1+11%)]×11%=9.91%	90.09%	2.48%
技术研发与服务：	[1/(1+6%)]×6%=5.66%	94.34%	1.42%
金融服务/鉴证：	[1/(1+6%)]×6%=5.66%	94.34%	1.42%
小规模处采购：	[1/(1+3%)]×3%=2.91%	97.09%	0.73%
制造与商贸活动：	[1/(1+17%)]×17%=14.53%	85.47%	3.63%

“营改增”的系统性思考

3. 遴选供应商，重视采购合同条款

（1）供应商的遴选标准。

两个标准：财务实力 = 诚信　纳税人 = 一般纳税人。

（2）价格谈判技巧：价格是否含税，必须予以界定。

（3）在货物采购、工程分包等合同中应明确约定由对方承担等额、合法、有效的增值税发票。尽量约定获取购销凭证、增值税专用发票后再支付采购款。

（4）采购方争取实现以高税率计算并抵扣采购支出的进项税额。

“营改增”的系统性思考

4. 接受金融服务所涉及支出的税款抵扣

（1）金融机构实行一般计税方法，形成增值税抵扣的闭环。但其下游企业（贷款企业）不能抵扣接受贷款服务的利息支出的进项税额。

（2）金融活动中，信托类融资、资产证券化等金融业务，资金利差实际上是没有利息发票的，无法实现进项税额的抵扣。

（3）在增值税制度下，不同的融资模式和不同的金融服务方式，会对接受金融服务的纳税人的税负产生显著影响。目前只允许接受直接收费金融服务的手续费、佣金等支出可以抵扣进项税额。

“营改增”的系统性思考

5. 切割利润，控制纳税节奏与频度

（1）采取企业分设、机构分立等分拆方式，实现利润的切割与分流，进而控制不同流程的增值额和税负水平。

（2）企业分设、机构分立，一般考虑以下三种情形：

之一，经营活动包含不同税率的兼营业务；

之二，经营活动包含不同税率的混合销售行为；

之三，经营活动包含应税服务与免税或减税服务。

“营改增”的系统化思考

6 .税率差异策略

（1）获得进项税额的抵扣率不同。

接受服务和采购货物时，涉及不同的进项税额抵扣率，尽量获得高税率计算的进项税额抵扣。

（2）纳税人必须分析业务活动之间的税率差异，凡是不同业务活动有税率差异，均存在一定程度的税收筹划空间。

“营改增”的系统性思考

7 .不可抵扣项目转化为可抵扣项目

一些业务活动不允许抵扣进项税额，如招待费（餐费支出）、娱乐支出等，但是纳税人可以适当变换这些活动的类型和实施条件，使之成为可抵扣项目。

如将招待费转化为会议费，控制条件取得合法的增值税专用发票，以实现进项税额抵扣。

“营改增”的系统性思考

8 .利用小规模纳税人

（1）如何控制税务风险？

【案例】 构造特殊的业务单纯的小规模纳税人，凭借其纳税监管的宽松政策和简易的纳税流程完成对外交际应酬。

（2）如何控制税负？

【引申】 掌握测算小规模纳税人与一般纳税人税负平衡点的方法。

“营改增”的系统性思考

9. 业务流程再造

业务流程再造，其实是补充增值税抵扣链条的重要思想，以拆分思路完成产业链的重塑与税款抵扣。

（1）健全产业链，创造内部交易，控制税款抵扣时机。

（2）注意流程再造后，业务活动的合同签订、业务模式和财务处理、税务处理的匹配性。

（3）关注业务流程再造的隐性税收与非税成本的变化。

“营改增”的系统性思考

10. 自行生产服务、建造活动→业务外包

（1）产品生产→生产外包；

（2）自我服务→服务外包；

（3）项目自建→项目代建；

（4）技术研发→委托开发。

通过业务外包，不仅可以实现专业化，提高技术含量和效率，而且还可以获得进项税额抵扣，与现代增值税制度要求相吻合。

第12讲

金融业“营改增”特殊疑难问题解答

一、金融机构个人实物黄金业务纳税期限是如何确定的?

解答：根据《营业税改征增值税试点实施办法》第四十七条的规定，以1个季度为纳税期限的规定适用于小规模纳税人、银行、财务公司、信托投资公司、信用社，以及财政部和国家税务总局规定的其他纳税人。

对于选择按季申报的金融机构，开展个人实物黄金交易业务，可一并按季进行纳税申报。

二、银行销售贵金属业务获得的厂家开具的增值税专用发票，是分支行到当地主管税局认证抵扣，还是分支行在当地税务局认证，再汇总到省分行统一抵扣?

解答：在受票方主管税务机关认证，分支机构的进项税额可以通过《进项税额传递单》传递到省分行统一抵扣。

三、目前银行营业费用报销中存在个人刷卡或现金先垫款支付货物或劳务供应商的情况，能否要求对方开发票抬头为公司的专用发票?

解答：可以。根据《中华人民共和国发票管理办法》规定：“销售商品、提供服务以及从事其他经营活动的单位和个人，对外发生经营业务收取款项，收款方应当向付款方开具发票。”上述付款方为实际付款方。

四、证券公司申请代开评审费、专家咨询费、讲课费发票时等扣缴个人所得税，需要提供身份证原件或复印件吗?

解答：根据《国家税务总局关于加强和规范税务机关代开普通发票工作的通知》（国税函［2004］1024 号）：“申请代开发票的单位和个人应当凭有关证明材料，向主管税务机关申请代开普通发票。”

有关证明材料，是指：

1. 申请代开发票人的合法身份证件；

2. 付款方（或接受劳务服务方）对所购物品品名（或劳务服务项目）、单价、金额等出具的书面确认证明。

因此，证券公司在申请代开评审费、专家咨询费、讲课费发票时应提供上述服务提供方的身份证件。

五、融资性售后回租本金如何扣除?

解答：本次“营改增”将售后回租业务从租赁业调整到金融业，适用于贷款服务的税收政策，还原其业务实质。贷款业务的计税依据中，不包含向贷款方收取的本金。因此，在财税［2016］36 号文件中，对售后回租的销售额的表述发生了改变，没有再沿用“扣除本金”的概念，使用了“提供融资性售后回租服务，以取得的全部价款和价外费用（不含本金），扣除相关利息后余额为销售额”的表述。所以，融资性售后回租的计税基础并没有发生改变。

六、“营改增”后企业买卖股票应如何纳税?

解答：按“金融服务——金融商品转让”缴纳增值税。以卖出价扣除买入价后的余额为销售额，适用税率为 6%，小规模纳税人适用 3% 的征收率。

七、金融商品转让差额如何征税，如何开发票?

金融商品转让，按照卖出价扣除买入价后的余额为销售额。

转让金融商品出现的正负差，按盈亏相抵后的余额为销售额。若相抵后出现负差，可结转下一纳税期与下期转让金融商品销售额相抵，但年末时仍出现负差的，不得转入下一个会计年度。

金融商品的买入价，可以选择按照加权平均法或者移动加权平均法进行核算，选择后 36 个月内不得变更。

金融商品转让业务，不得开具增值税专用发票。

八、典当行的赎金收入如何缴税?

解答：典当行提供的典当服务属于贷款服务，其收回的赎金超过发放当金的部分属于利息，应就利息部分的收入缴纳增值税。

九、银行联行往来业务如何纳税？

解答：境内银行与其境外的总机构、母公司之间，以及境内银行与其境外的分支机构、全资子公司之间的资金往来业务属于《过渡政策的规定》第一条第（二十三）款第2项所称的银行联行往来业务，免征增值税。

十、银行收到保险手续收入如何开具发票？

解答：银行收到保险手续费收入开票时购货方信息应填写与银行签订协议的单位信息。

十一、先收款再分期确认收入的金融服务，何时开具增值税发票？

解答：《营业税改征增值税试点实施办法》第四十五条规定：“增值税纳税义务、扣缴义务发生时间为：纳税人发生应税行为并收讫销售款项或者取得索取销售款项凭据的当天；先开具发票的，为开具发票的当天。

其中，收讫销售款项，是指纳税人销售服务、无形资产、不动产过程中或者完成后收到款项。取得索取销售款项凭据的当天，是指书面合同确定的付款日期；未签订书面合同或者书面合同未确定付款日期的，为服务、无形资产转让完成的当天或者不动产权属变更的当天。”

根据上述规定，从金融服务期开始，按照实际收到与合同约定应收服务费的日期孰先原则确定纳税义务发生时间，增值税发票在纳税义务发生时间的当月开具。

十二、统借统还业务中“企业集团”应如何界定？统借方利息收入能否免征增值税？

解答：根据《企业集团登记管理暂行规定》，统借统还中的“企业集团”，是指以资本为主要联结纽带的母子公司为主体，以集团章程为共同行为规范的母公司、子公司、参股公司及其他成员企业或机构共同组成的具有一定规模的企业法人联合体。

统借统还业务中，企业集团或企业集团中的核心企业以及集团所属财务公司按不高于支付给金融机构的借款利率水平或者支付的债券票面利率水平，向企业集团或者集团内下属单位收取的利息免征增值税。

统借方向资金使用单位收取的利息，高于支付给金融机构借款利率水平或者支付的债券票面利率水平的，应全额缴纳增值税。

十三、保险公司开展的联保、共保、再保业务如何进行税务处理？

解答：保险公司开展的联保、共保、再保业务，首先应分别计算提供保险服务的收入和支出，主承保方统一向客户开具发票并结算保费；然后再由各承保方开具发票给主承保方结算自身份额保费；最后根据联保、共保、再保业务分别进行增值税相关处理。

十四、保险公司代扣个人所得税、车船税手续费收入按照什么税目征收增值税？

解答：按经纪代理服务征收增值税。

十五、保险代理业务，属于保险服务还是属于经纪代理服务？

解答：保险代理业务属于经纪代理服务。

十六、个人佣金汇总如何代开增值税发票？

解答：保险业代理人取得的代理佣金收入，代理人可以委托佣金支付人向主管国税机关申请汇总代开增值税发票。保险公司按月或按季汇总代理人清单，注明其姓名、身份 证号、代理费收入、是否为个体工商户等详细信息，并经代理人签字确认后，由保险公司到主管国税机关代开发票。主管国税机关可汇总代开，并将代理人清单留存。

对代理人中的个体工商户，可按规定代开增值税专用发票，对代理人中的其他个人，应按规定开具增值税普通发票。

对代理人应按规定适用小微企业免征增值税政策。保险企业可根据需要按上述规定向主管国税机关申请代开发票。

基金业、电信业、证券业及其他行业有类似情况的，可参照上述规定汇总代开发票。

十七、保险公司销售保险时赠送促销品或服务如何征收增值税？

解答：保险公司销售保险时，附带赠送客户的促销品，如行车记录仪、洗车卡、油卡等，要视同销售处理。视同销售的服务能够取得抵扣凭证且符合抵扣范围的，其进项税额可以抵扣。

税法明确的销售货物时无偿赠送的服务，如销售空调同时免费安装所指的情形是指与销售货物密切相关的服务。

中央财经大学
Central University of Finance and Economics

税收筹划与法律研究中心

关注微信公众号：中财大税收筹划与法律研究中心，获得更多资讯、知识和经验。

点燃智慧
启迪思维

谢谢您的阅读，有任何意见与建议请联系作者以下邮箱：caichang@126.com

附　录

附录 1

金融业“营改增”过渡优惠政策

（《营业税改征增值税试点过渡政策的规定》节录）

一、下列项目免征增值税

（十九）以下利息收入。

1. 2016 年 12 月 31 日前，金融机构农户小额贷款。

小额贷款，是指单笔且该农户贷款余额总额在 10 万元（含本数）以下的贷款。

所称农户，是指长期（一年以上）居住在乡镇（不包括城关镇）行政管理区域内的住户，还包括长期居住在城关镇所辖行政村范围内的住户和户口不在本地而在本地居住一年以上的住户，国有农场的职工和农村个体工商户。位于乡镇（不包括城关镇）行政管理区域内和在城关镇所辖行政村范围内的国有经济的机关、团体、学校、企事业单位的集体户；有本地户口，但举家外出谋生一年以上的住户，无论是否保留承包耕地均不属于农户。农户以户为统计单位，既可以从事农业生产经营，也可以从事非农业生产经营。农户贷款的判定应以贷款发放时的承贷主体是否属于农户为准。

2. 国家助学贷款。

3. 国债、地方政府债。

4. 人民银行对金融机构的贷款。

5. 住房公积金管理中心用住房公积金在指定的委托银行发放的个人住房贷款。

6. 外汇管理部门在从事国家外汇储备经营过程中，委托金融机构发放的外汇贷款。

7. 统借统还业务中，企业集团或企业集团中的核心企业以及集团所属财务公司按不高于支付给金融机构的借款利率水平或者支付的债券票面利率水平，向企业集团或者集团内下属单位收取的利息。

统借方向资金使用单位收取的利息，高于支付给金融机构借款利率水平或者支付的债券票面利率水平的，应全额缴纳增值税。

统借统还业务，是指：

（1）企业集团或者企业集团中的核心企业向金融机构借款或对外发行债券取得资金后，将所借资金分拨给下属单位（包括独立核算单位和非独立核算单位，下同），并向下属单位收取用于归还金融机构或债券购买方本息的业务。

（2）企业集团向金融机构借款或对外发行债券取得资金后，由集团所属财务公司与企业集团或者集团内下属单位签订统借统还贷款合同并分拨资金，并向企业集团或者集团内下属单位收取本息，再转付企业集团，由企业集团统一归还金融机构或债券购买方的业务。

（二十）被撤销金融机构以货物、不动产、无形资产、有价证券、票据等财产清偿债务。

被撤销金融机构，是指经人民银行、银监会依法决定撤销的金融机构及其分设于各地的分支机构，包括被依法撤销的商业银行、信托投资公司、财务公司、金融租赁公司、城市信用社和农村信用社。除另有规定外，被撤销金融机构所属、附属企业，不享受被撤销金融机构增值税免税政策。

（二十一）保险公司开办的一年期以上人身保险产品取得的保费收入。

一年期以上人身保险，是指保险期间为一年期及以上返还本利的人寿保险、养老年金保险，以及保险期间为一年期及以上的健康保险。

人寿保险，是指以人的寿命为保险标的的人身保险。

养老年金保险，是指以养老保障为目的，以被保险人生存为给付保险金条件，并按约定的时间间隔分期给付生存保险金的人身保险。养老年金保险应当同时符合下列条件：

1. 保险合同约定给付被保险人生存保险金的年龄不得小于国家规定的退休年龄。

2. 相邻两次给付的时间间隔不得超过一年。

健康保险，是指以因健康原因导致损失为给付保险金条件的人身保险。

上述免税政策实行备案管理，具体备案管理办法按照《国家税务总局关于一年期以上返还性人身保险产品免征营业税审批事项取消后有关管理问题的公告》（国家税务总局公告2015年第65号）规定执行。

（二十二）下列金融商品转让收入。

1. 合格境外投资者（QFII）委托境内公司在我国从事证券买卖业务。

2. 香港市场投资者（包括单位和个人）通过沪港通买卖上海证券交易所上市 A 股。

3. 对香港市场投资者（包括单位和个人）通过基金互认买卖内地基金份额。

4. 证券投资基金（封闭式证券投资基金，开放式证券投资基金）管理人运用基金买卖股票、债券。

5. 个人从事金融商品转让业务。

（二十三）金融同业往来利息收入。

1. 金融机构与人民银行所发生的资金往来业务。包括人民银行对一般金融机构贷款，以及人民银行对商业银行的再贴现等。

2. 银行联行往来业务。同一银行系统内部不同行、处之间所发生的资金账务往来业务。

3. 金融机构间的资金往来业务。是指经人民银行批准，进入全国银行间同业拆借市场的金融机构之间通过全国统一的同业拆借网络进行的短期（一年以下含一年）无担保资金融通行为。

4. 金融机构之间开展的转贴现业务。

金融机构是指：

（1）银行：包括人民银行、商业银行、政策性银行。

（2）信用合作社。

（3）证券公司。

（4）金融租赁公司、证券基金管理公司、财务公司、信托投资公司、证券投资基金。

（5）保险公司。

（6）其他经人民银行、银监会、证监会、保监会批准成立且经营金融保险业务的机构等。

（二十四）同时符合下列条件的担保机构从事中小企业信用担保或者再担保业务取得的收入（不含信用评级、咨询、培训等收入）3 年内免征增值税：

1. 已取得监管部门颁发的融资性担保机构经营许可证，依法登记注册为企（事）业法人，实收资本超过 2000 万元。

2. 平均年担保费率不超过银行同期贷款基准利率的 50%。平均年担保费率 = 本期担保费收入/（期初担保余额 + 本期增加担保金额）×100%。

3. 连续合规经营 2 年以上，资金主要用于担保业务，具备健全的内部管理制度和为中小企业提供担保的能力，经营业绩突出，对受保项目具有完善的事前评估、事中监控、事后追偿与处置机制。

4. 为中小企业提供的累计担保贷款额占其两年累计担保业务总额的80%以上，单笔800万元以下的累计担保贷款额占其累计担保业务总额的50%以上。

5. 对单个受保企业提供的担保余额不超过担保机构实收资本总额的10%，且平均单笔担保责任金额最多不超过3000万元人民币。

6. 担保责任余额不低于其净资产的3倍，且代偿率不超过2%。

担保机构免征增值税政策采取备案管理方式。符合条件的担保机构应到所在地县（市）主管税务机关和同级中小企业管理部门履行规定的备案手续，自完成备案手续之日起，享受3年免征增值税政策。3年免税期满后，符合条件的担保机构可按规定程序办理备案手续后继续享受该项政策。

具体备案管理办法按照《国家税务总局关于中小企业信用担保机构免征营业税审批事项取消后有关管理问题的公告》（国家税务总局公告2015年第69号）规定执行，其中税务机关的备案管理部门统一调整为县（市）级国家税务局。

（二十五）国家商品储备管理单位及其直属企业承担商品储备任务，从中央或者地方财政取得的利息补贴收入和价差补贴收入。

国家商品储备管理单位及其直属企业，是指接受中央、省、市、县四级政府有关部门（或者政府指定管理单位）委托，承担粮（含大豆）、食用油、棉、糖、肉、盐（限于中央储备）等6种商品储备任务，并按有关政策收储、销售上述6种储备品，取得财政储备经费或者补贴的商品储备企业。利息补贴收入，是指国家商品储备管理单位及其直属企业因承担上述商品储备任务从金融机构贷款，并从中央或者地方财政取得的用于偿还贷款利息的贴息收入。价差补贴收入包括销售价差补贴收入和轮换价差补贴收入。销售价差补贴收入，是指按照中央或者地方政府指令销售上述储备商品时，由于销售收入小于库存成本而从中央或者地方财政获得的全额价差补贴收入。轮换价差补贴收入，是指根据要求定期组织政策性储备商品轮换而从中央或者地方财政取得的商品新陈品质价差补贴收入。

二、增值税即征即退

（二）经人民银行、银监会或者商务部批准从事融资租赁业务的试点纳税人中的一般纳税人，提供有形动产融资租赁服务和有形动产融资性售后回租服务，对其增值税实际税负超过3%的部分实行增值税即征即退政策。商务部授权的省级商务主管部门和国家经济技术开发区批准的从事融资租赁业务和融资性售后回租业务的试点纳税人中的一般纳税人，2016年5月1日后实收资本达到1.7亿元的，从达到标准的当月起按照上述规定执行；2016年5月1日后实收资本未达到

1.7亿元但注册资本达到1.7亿元的，在2016年7月31日前仍可按照上述规定执行，2016年8月1日后开展的有形动产融资租赁业务和有形动产融资性售后回租业务不得按照上述规定执行。

（三）本规定所称增值税实际税负，是指纳税人当期提供应税服务实际缴纳的增值税额占纳税人当期提供应税服务取得的全部价款和价外费用的比例。

……

四、金融企业发放贷款后，自结息日起90天内发生的应收未收利息按现行规定缴纳增值税，自结息日起90天后发生的应收未收利息暂不缴纳增值税，待实际收到利息时按规定缴纳增值税。

上述所称金融企业，是指银行（包括国有、集体、股份制、合资、外资银行以及其他所有制形式的银行）、城市信用社、农村信用社、信托投资公司、财务公司。

附录2

财政部、国家税务总局关于营改增后契税、房产税、土地增值税、个人所得税计税依据问题的通知

财税［2016］43号

各省、自治区、直辖市、计划单列市财政厅（局）、地方税务局，西藏、宁夏、青海省（自治区）国家税务局，新疆生产建设兵团财务局：

经研究，现将营业税改征增值税后契税、房产税、土地增值税、个人所得税计税依据有关问题明确如下：

一、计征契税的成交价格不含增值税。

二、房产出租的，计征房产税的租金收入不含增值税。

三、土地增值税纳税人转让房地产取得的收入为不含增值税收入。

《中华人民共和国土地增值税暂行条例》等规定的土地增值税扣除项目涉及的增值税进项税额，允许在销项税额中计算抵扣的，不计入扣除项目，不允许在销项税额中计算抵扣的，可以计入扣除项目。

四、个人转让房屋的个人所得税应税收入不含增值税，其取得房屋时所支付

价款中包含的增值税计入财产原值，计算转让所得时可扣除的税费不包括本次转让缴纳的增值税。

个人出租房屋的个人所得税应税收入不含增值税，计算房屋出租所得可扣除的税费不包括本次出租缴纳的增值税。个人转租房屋的，其向房屋出租方支付的租金及增值税额，在计算转租所得时予以扣除。

五、免征增值税的，确定计税依据时，成交价格、租金收入、转让房地产取得的收入不扣减增值税额。

六、在计征上述税种时，税务机关核定的计税价格或收入不含增值税。

本通知自2016年5月1日起执行。

财政部　国家税务总局

2016年4月25日

附录3

财政部、国家税务总局进一步明确全面推开营改增试点金融业有关政策

财税［2016］46号

各省、自治区、直辖市、计划单列市财政厅（局）、国家税务局、地方税务局，新疆生产建设兵团财务局：

经研究，现将营改增试点期间有关金融业政策补充通知如下：

一、金融机构开展下列业务取得的利息收入，属于《营业税改征增值税试点过渡政策的规定》（财税［2016］36号，以下简称《过渡政策的规定》）第一条第（二十三）项所称的金融同业往来利息收入：

（一）质押式买入返售金融商品。

质押式买入返售金融商品，是指交易双方进行的以债券等金融商品为权利质押的一种短期资金融通业务。

（二）持有政策性金融债券。

政策性金融债券，是指开发性、政策性金融机构发行的债券。

二、《过渡政策的规定》第一条第（二十一）项中，享受免征增值税的一年期及以上返还本利的人身保险包括其他年金保险，其他年金保险是指养老年金以外的年金保险。

三、农村信用社、村镇银行、农村资金互助社、由银行业机构全资发起设立的贷款公司、法人机构在县（县级市、区、旗）及县以下地区的农村合作银行和农村商业银行提供金融服务收入，可以选择适用简易计税方法按照3%的征收率计算缴纳增值税。

村镇银行，是指经中国银行业监督管理委员会依据有关法律、法规批准，由境内外金融机构、境内非金融机构企业法人、境内自然人出资，在农村地区设立的主要为当地农民、农业和农村经济发展提供金融服务的银行业金融机构。

农村资金互助社，是指经银行业监督管理机构批准，由乡（镇）、行政村农民和农村小企业自愿入股组成，为社员提供存款、贷款、结算等业务的社区互助性银行业金融机构。

由银行业机构全资发起设立的贷款公司，是指经中国银行业监督管理委员会依据有关法律、法规批准，由境内商业银行或农村合作银行在农村地区设立的专门为县域农民、农业和农村经济发展提供贷款服务的非银行业金融机构。

县（县级市、区、旗），不包括直辖市和地级市所辖城区。

四、对中国农业银行纳入“三农金融事业部”改革试点的各省、自治区、直辖市、计划单列市分行下辖的县域支行和新疆生产建设兵团分行下辖的县域支行（也称县事业部），提供农户贷款、农村企业和农村各类组织贷款（具体贷款业务清单见附件）取得的利息收入，可以选择适用简易计税方法按照3%的征收率计算缴纳增值税。

农户贷款，是指金融机构发放给农户的贷款，但不包括按照《过渡政策的规定》第一条第（十九）项规定的免征增值税的农户小额贷款。

农户，是指《过渡政策的规定》第一条第（十九）项所称的农户。

农村企业和农村各类组织贷款，是指金融机构发放给注册在农村地区的企业及各类组织的贷款。

五、本通知自2016年5月1日起执行。

财政部　国家税务总局

2016年4月29日

附件：享受增值税优惠的涉农贷款业务清单

1. 法人农业贷款
2. 法人林业贷款
3. 法人畜牧业贷款
4. 法人渔业贷款
5. 法人农林牧渔服务业贷款
6. 法人其他涉农贷款（煤炭、烟草、采矿业、房地产业、城市基础设施建设和其他类的法人涉农贷款除外）
7. 小型农田水利设施贷款
8. 大型灌区改造
9. 中低产田改造
10. 防涝抗旱减灾体系建设
11. 农产品加工贷款
12. 农业生产资料制造贷款
13. 农业物资流通贷款
14. 农副产品流通贷款
15. 农产品出口贷款
16. 农业科技贷款
17. 农业综合生产能力建设
18. 农田水利设施建设
19. 农产品流通设施建设
20. 其他农业生产性基础设施建设
21. 农村饮水安全工程
22. 农村公路建设
23. 农村能源建设
24. 农村沼气建设
25. 其他农村生活基础设施建设
26. 农村教育设施建设
27. 农村卫生设施建设
28. 农村文化体育设施建设
29. 林业和生态环境建设
30. 个人农业贷款
31. 个人林业贷款

32. 个人畜牧业贷款
33. 个人渔业贷款
34. 个人农林牧渔服务业贷款
35. 农户其他生产经营贷款
36. 农户助学贷款
37. 农户医疗贷款
38. 农户住房贷款
39. 农户其他消费贷款

附录 4

关于进一步明确全面推开营改增试点有关再保险、不动产租赁和非学历教育等政策的通知

财税［2016］68 号

各省、自治区、直辖市、计划单列市财政厅（局）、国家税务局、地方税务局，新疆生产建设兵团财务局：

经研究，现将营改增试点期间有关再保险、不动产租赁和非学历教育等政策补充通知如下：

一、再保险服务

（一）境内保险公司向境外保险公司提供的完全在境外消费的再保险服务，免征增值税。

（二）试点纳税人提供再保险服务（境内保险公司向境外保险公司提供的再保险服务除外），实行与原保险服务一致的增值税政策。再保险合同对应多个原保险合同的，所有原保险合同均适用免征增值税政策时，该再保险合同适用免征增值税政策。否则，该再保险合同应按规定缴纳增值税。

原保险服务，是指保险分出方与投保人之间直接签订保险合同而建立保险关系的业务活动。

二、不动产经营租赁服务

1. 房地产开发企业中的一般纳税人，出租自行开发的房地产老项目，可以选择适用简易计税方法，按照5%的征收率计算应纳税额。纳税人出租自行开发的房地产老项目与其机构所在地不在同一县（市）的，应按照上述计税方法在不动产所在地预缴税款后，向机构所在地主管税务机关进行纳税申报。

房地产开发企业中的一般纳税人，出租其2016年5月1日后自行开发的与机构所在地不在同一县（市）的房地产项目，应按照3%预征率在不动产所在地预缴税款后，向机构所在地主管税务机关进行纳税申报。

2. 房地产开发企业中的小规模纳税人，出租自行开发的房地产项目，按照5%的征收率计算应纳税额。纳税人出租自行开发的房地产项目与其机构所在地不在同一县（市）的，应按照上述计税方法在不动产所在地预缴税款后，向机构所在地主管税务机关进行纳税申报。

三、一般纳税人提供非学历教育服务，可以选择适用简易计税方法按照3%征收率计算应纳税额。

四、纳税人提供安全保护服务，比照劳务派遣服务政策执行。

五、各党派、共青团、工会、妇联、中科协、青联、台联、侨联收取党费、团费、会费，以及政府间国际组织收取会费，属于非经营活动，不征收增值税。

六、本通知自2016年5月1日起执行。

财政部　国家税务总局

2016年6月18日

附录5

财政部　国家税务总局关于金融机构同业往来等增值税政策的补充通知

财税［2016］70号

各省、自治区、直辖市、计划单列市财政厅（局）、国家税务局、地方税务局，新疆生产建设兵团财务局：

经研究，现将营改增试点期间有关金融业政策补充通知如下：

一、金融机构开展下列业务取得的利息收入，属于《营业税改征增值税试点过渡政策的规定》（财税［2016］36号，以下简称《过渡政策的规定》）第一条第（二十三）项所称的金融同业往来利息收入：

（一）同业存款。

同业存款，是指金融机构之间开展的同业资金存入与存出业务，其中资金存入方仅为具有吸收存款资格的金融机构。

（二）同业借款。

同业借款，是指法律法规赋予此项业务范围的金融机构开展的同业资金借出和借入业务。此条款所称“法律法规赋予此项业务范围的金融机构”主要是指农村信用社之间以及在金融机构营业执照列示的业务范围中有反映为“向金融机构借款”业务的金融机构。

（三）同业代付。

同业代付，是指商业银行（受托方）接受金融机构（委托方）的委托向企业客户付款，委托方在约定还款日偿还代付款项本息的资金融通行为。

（四）买断式买入返售金融商品。

买断式买入返售金融商品，是指金融商品持有人（正回购方）将债券等金融商品卖给债券购买方（逆回购方）的同时，交易双方约定在未来某一日期，正回购方再以约定价格从逆回购方买回相等数量同种债券等金融商品的交易行为。

（五）持有金融债券。

金融债券，是指依法在中华人民共和国境内设立的金融机构法人在全国银行间和交易所债券市场发行的、按约定还本付息的有价证券。

（六）同业存单。

同业存单，是指银行业存款类金融机构法人在全国银行间市场上发行的记账式定期存款凭证。

二、商业银行购买央行票据、与央行开展货币掉期和货币互存等业务属于《过渡政策的规定》第一条第（二十三）款第1项所称的金融机构与人民银行所发生的资金往来业务。

三、境内银行与其境外的总机构、母公司之间，以及境内银行与其境外的分支机构、全资子公司之间的资金往来业务属于《过渡政策的规定》第一条第（二十三）款第2项所称的银行联行往来业务。

四、人民币合格境外投资者（RQFII）委托境内公司在我国从事证券买卖业务，以及经人民银行认可的境外机构投资银行间本币市场取得的收入属于《过渡政策的规定》第一条第（二十二）款所称的金融商品转让收入。

银行间本币市场包括货币市场、债券市场以及衍生品市场。

五、本通知自2016年5月1日起执行。

财政部　国家税务总局
2016年6月30日

附录6

关于增值税会计处理的规定

（征求意见稿）

根据《中华人民共和国增值税暂行条例》和《关于全面推开营业税改征增值税试点的通知》等有关规定，现对增值税有关会计处理规定如下：

一、会计科目及专栏设置

增值税一般纳税人应当在“应交税费”科目下设置“应交增值税”、“未交增值税”、“预缴增值税”、“待抵扣进项税额”、“待认证进项税额”、“待转销项税额”等明细科目。

（一）增值税一般纳税人应在“应交增值税”明细账内设置“进项税额”、“销项税额抵减”、“已交税金”、“转出未交增值税”、“减免税款”、“销项税额”、“出口退税”、“进项税额转出”、“转出多交增值税”、“简易计税”等专栏。其中：

1.“进项税额”专栏，记录一般纳税人购进货物、加工修理修配劳务、服务、无形资产或不动产而支付或负担的、准予从销项税额中抵扣的增值税额；

2.“销项税额抵减”专栏，记录一般纳税人按照现行增值税制度规定因扣减销售额而减少的销项税额；

3.“已交税金”专栏，记录一般纳税人已交纳的当月应交增值税额；

4.“转出未交增值税”和“转出多交增值税”专栏，分别记录一般纳税人月度终了转出当月应交未交或多交的增值税额；

5.“减免税款”专栏，记录一般纳税人按现行增值税制度规定准予减免的增值税额；

6. “销项税额”专栏，记录一般纳税人销售货物、加工修理修配劳务、服务、无形资产或不动产应收取的增值税额，以及从境外单位或个人购进服务、无形资产或不动产应扣缴的增值税额；

7. “出口退税”专栏，记录一般纳税人出口产品按规定退回的增值税额；

8. “进项税额转出”专栏，记录一般纳税人购进货物、加工修理修配劳务、服务、无形资产或不动产等发生非正常损失以及其他原因而不应从销项税额中抵扣，按规定转出的进项税额；

9. “简易计税”专栏，记录一般纳税人采用简易计税方法应交纳的增值税额。

（二）“未交增值税”明细科目，核算一般纳税人月度终了从“应交增值税”或“预缴增值税”明细科目转入当月应交未交、多交或预缴的增值税额，以及当月交纳以前期间未交的增值税额。

（三）“预缴增值税”明细科目，核算一般纳税人转让不动产、提供不动产经营租赁服务、提供建筑服务、采用预收款方式销售自行开发的房地产项目等，按现行增值税制度规定应预缴的增值税额。

（四）“待抵扣进项税额”明细科目，核算一般纳税人已取得增值税扣税凭证并经税务机关认证，按照现行增值税制度规定准予以后期间从销项税额中抵扣的进项税额。包括：一般纳税人自 2016 年 5 月 1 日后取得并按固定资产核算的不动产或者 2016 年 5 月 1 日后取得的不

动产在建工程，按现行增值税制度规定准予以后期间从销项税额中抵扣的进项税额；实行纳税辅导期管理的一般纳税人取得的尚未交叉稽核比对的增值税扣税凭证上注明或计算的进项税额。

（五）“待认证进项税额”明细科目，核算一般纳税人由于未取得增值税扣税凭证或未经税务机关认证而不得从当期销项税额中抵扣的进项税额。包括：一般纳税人已取得增值税扣税凭证、按照现行增值税制度规定准予从销项税额中抵扣，但尚未经税务机关认证的进项税额；一般纳税人取得货物等已入账，但由于尚未收到相关增值税扣税凭证而不得从当期销项税额中抵扣的进项税额。

（六）“待转销项税额”明细科目，核算一般纳税人销售货物、加工修理修配劳务、服务、无形资产或不动产，已确认相关收入（或利得）但尚未发生增值税纳税义务而需于以后期间确认为销项税额的增值税额。

小规模纳税人只需在“应交税费”科目下设置“应交增值税”明细科目，不需要设置上述专栏。

二、账务处理

（一）取得资产或接收劳务等业务的账务处理。

1. 采购等业务进项税额允许抵扣的账务处理。一般纳税人购进货物、加工修理修配劳务、服务、无形资产，按应计入相关成本费用的金额，借记“在途物资”或“原材料”、“库存商品”、“生产成本”、“无形资产”、“固定资产”、“管理费用”等科目，按可抵扣的增值税额，借记“应交税费——应交增值税（进项税额）”科目，

按应付或实际支付的金额，贷记“应付账款”、“应付票据”、“银行存款”等科目。发生退货的，应根据税务机关开具的红字增值税专用发票做相反的会计分录。

2. 采购等业务进项税额不得抵扣的账务处理。一般纳税人购进货物、加工修理修配劳务、服务、无形资产或不动产，用于简易计税方法计税项目、免征增值税项目、集体福利或个人消费等，其进项税额按照现行增值税制度规定不得从销项税额中抵扣的，应计入相关成本费用，不通过“应交税费——应交增值税（进项税额）”科目核算。

3. 购进不动产或不动产在建工程按规定进项税额分年抵扣的账务处理。一般纳税人自 2016 年 5 月 1 日后取得并按固定资产核算的不动产或者 2016 年 5 月 1 日后取得的不动产在建工程，其进项税额按现行增值税制度规定自取得之日起分 2 年从销项税额中抵扣的，应当按取得成本，借记“固定资产”、“在建工程”等科目，按当期可抵扣的增值税额，借记“应交税费——应交增值税（进项税额）”科目，按以后期间可抵扣的增值税额，借记“应交税费——待抵扣进项税额”科目，按应付或实际支付的金额，贷记“应付账款”、“应付票据”、“银行存款”等科目。尚未抵扣的进项税额待以后期间允许抵扣时，按允许抵扣的金额，借记“应交税费——应交增值税（进项税额）”科目，贷记“应交税费——待抵扣进项税额”科目。

4. 货物等已验收入库但尚未取得增值税扣税凭证的账务处理。购进的货物等已到达并验收入库，但尚未收到增值税扣税凭证的，应按货物清单或相关合同协议上的价格暂估入账。按应计入相关成本费

用的金额，借记“原材料”、“库存商品”、“无形资产”、“固定资产”等科目，按未来可抵扣的增值税额，借记“应交税费——待认证进项税额”科目，按应付或实际支付的金额，贷记“应付账款”、“应付票据”、“银行存款”等科目。待取得相关增值税扣税凭证并经认证后，借记“应交税费——应交增值税（进项税额）”或“应交税费——待抵扣进项税额”科目，贷记“应交税费——待认证

进项税额”科目。

5. 购买方作为扣缴义务人的账务处理。按照现行增值税制度规定，境外单位或个人在境内发生应税行为，在境内未设有经营机构的，以购买方为增值税扣缴义务人。境内一般纳税人购进服务、无形资产或不动产，按应计入相关成本费用的金额，借记“生产成本”、“无形资产”、“固定资产”、“管理费用”等科目，按可抵扣的增值税额，借记“应交税费——待认证进项税额”科目，按应付或实际支付的金额，贷记“应付账款”等科目，按应代扣缴的增值税额，贷记“应交税费——应交增值税（销项税额）”科目。购买方代扣代缴增值税取得解缴税款的完税凭证时，按代扣缴的增值税额，借记“应交税费——应交增值税（已交税金）”科目，贷记“银行存款”科目；同时，按完税凭证上注明的增值税额，借记“应交税费——应交增值税（进项税额）”或“应交税费——待抵扣进项税额”科目，贷记“应交税费——待认证进项税额”科目。

6. 小规模纳税人采购等业务的账务处理。小规模纳税人购买物资、服务、无形资产或不动产，取得增值税专用发票上注明的增值税

应计入相关成本费用，不通过“应交税费——应交增值税”核算。

（二）销售等业务的账务处理。

1. 销售业务的账务处理。企业销售货物、加工修理修配劳务、服务、无形资产或不动产，应当按应收或已收的金额，借记“应收账款”、“应收票据”、“银行存款”等科目，按取得的收入金额，贷记“主营业务收入”、“其他业务收入”、“固定资产清理”等科目，按现行增值税制度规定计算的销项税额（或采用简易计税方法计算的应纳增值税额），贷记“应交税费——应交增值税（销项税额或简易计税）”科目（小规模纳税人应贷记“应交税费——应交增值税”科目）。发生销售退回的，应根据税务机关开具的红字增值税专用发票做相反的会计分录。会计上收入或利得确认时点先于增值税纳税义务发生时点的，应将相关销项税额计入“应交税费——待转销项税额”科目，待实际发生纳税义务时再转入“应交税费——应交增值税（销项税额或简易计税）”科目。

2. 视同销售的账务处理。企业发生现行增值税制度规定视同销售的行为，应当按照国家统一的会计制度进行相应的会计处理，并按照现行增值税制度规定计算的销项税额（或采用简易计税方法计算的应纳增值税额），借记“应付职工薪酬”、“利润分配”等科目，贷记“应交税费——应交增值税（销项税额或简易计税）”科目（小规模纳税人应计入“应交税费——应交增值税”科目）。

（三）差额征税的账务处理。

1. 企业发生相关成本费用允许扣减销售额的账务处理。按现行

增值税制度规定企业发生相关成本费用允许扣减销售额的，应当按减少的销

项税额，借记“应交税费——应交增值税（销项税额抵减）”科目（小规模纳税人应借记“应交税费——应交增值税”科目），按应付或实际支付的金额与上述增值税额的差额，借记“主营业务成本”等科目，按应付或实际支付的金额，贷记“应付账款”、“应付票据”、“银行存款”等科目。

2. 金融商品转让按规定以盈亏相抵后的余额作为销售额的账务处理。对于金融商品转让，可以先将含税金额一并计入“投资收益”科目；待期末一次性进行调整，借记“投资收益”科目，贷记“应交税费——应交增值税（销项税额）”科目（小规模纳税人应贷记“应交税费——应交增值税”科目）。金融商品转让盈亏相抵后出现负差，按现行增值税制度规定可结转下一纳税期与下期转让金融商品销售额相抵的，企业应在账外备查登记。

（四）出口退税的账务处理。

出口产品按规定退税的，借记“其他应收款”科目，贷记“应交税费——应交增值税（出口退税）”科目（小规模纳税人应贷记“应交税费——应交增值税”科目）。

（五）进项税额抵扣情况发生改变的账务处理。

因发生非正常损失或改变用途等，原已计入进项税额但按现行增值税制度规定不得从销项税额中抵扣的，借记“待处理财产损溢”、“应付职工薪酬”等科目，贷记“应交税费——应交增值税（进项税额转出）”、“应交税费——待抵扣进项税额”或“应交税费——待

认证进项税额”科目。

原不得抵扣且未抵扣进项税额的固定资产、无形资产等，因改变用途等用于允许抵扣进项税额的应税项目的，应当在用途改变的次月调整相关资产账面价值，按允许抵扣的进项税额，借记“应交税费——应交增值税（进项税额）”科目，贷记“固定资产”、“无形资产”等科目；固定资产、无形资产经上述调整后，应按调整后的账面价值在剩余尚可使用寿命内计提折旧或摊销。

一般纳税人购进时已全额抵扣进项税额的货物或服务等转用于不动产在建工程的，原已抵扣进项税额的40%部分应于转用当期转出，借记“应交税费——待抵扣进项税额”科目，贷记“应交税费——应交增值税（进项税额转出）”科目。

（六）月末转出多交增值税和未交增值税的账务处理。

月度终了，企业应当将当月应交未交或多交的增值税自“应交增值税”明细科目转入“未交增值税”明细科目。对于当月应交未交的增值税，借记“应交税费——应交增值税（转出未交增值税）”科目，贷记“应交税费——未交增值税”科目；对于当月多交的增值税，借记“应交税费——未交增值税”科目，

贷记“应交税费——应交增值税（转出多交增值税）”科目。

（七）交纳增值税的账务处理。

1. 交纳当月应交增值税的账务处理。企业交纳当月应交的增值税，借记“应交税费——应交增值税（已交税金）”科目（小规模纳税人应借记“应交税费——应交增值税”科目），贷记“银行存款”

科目。

2. 交纳以前期间未交增值税的账务处理。企业交纳以前期间未交的增值税，借记“应交税费——未交增值税”科目，贷记“银行存款”科目。

3. 预缴增值税的账务处理。企业预缴增值税，借记“应交税费——预缴增值税”科目，贷记“银行存款”科目。月末，企业应将“预缴增值税”明细科目余额转入“未交增值税”明细科目，借记“应交税费——未交增值税”科目，贷记“应交税费——预缴增值税”科目。

（八）增值税期末留抵税额的账务处理。

兼有销售服务、无形资产或者不动产的原增值税一般纳税人，截止到纳入营改增试点之日前的增值税期末留抵税额按照现行增值税制度规定不得从销售服务、无形资产或不动产的销项税额中抵扣的，应在“应交税费”科目下增设“增值税留抵税额”明细科目。

纳入营改增试点当月月初，原增值税一般纳税人应按不得从销售服务、无形资产或不动产的销项税额中抵扣的增值税留抵税额，借记“应交税费——增值税留抵税额”科目，贷记“应交税费——应交增值税（进项税额转出）”科目。待以后期间允许抵扣时，按允许抵扣的金额，借记“应交税费——应交增值税（进项税额）”科目，贷记“应交税费——增值税留抵税额”科目。

（九）增值税税控系统专用设备和技术维护费用抵减增值税额的账务处理。

按现行增值税制度规定，企业初次购买增值税税控系统专用设备

支付的费用以及缴纳的技术维护费允许在增值税应纳税额中全额抵减的，按规定抵减的增值税应纳税额，借记“应交税费——应交增值税（减免税款）”科目（小规模纳税人应借记“应交税费——应交增值税”科目），贷记“管理费用”等科目。增值税税控系统专用设备作为固定资产核算的，则贷记“递延收益”科目；在后续固定资产折旧期间，借记“递延收益”科目，贷记“管理费用”等科目。

三、财务报表相关项目列示

“应交税费——应交增值税”等科目期末借方余额应当在资产负债表中的“其他流动资产”项目项目列示；“应交税费——未交增值税”科目期末贷方余

额应当在资产负债表中的“应交税费”项目列示。

四、附则

本规定自 2016 年 5 月 1 日起施行，《营业税改征增值税试点有关企业会计处理规定》（财会［2012］13 号）等原有关增值税会计处理的规定同时废止。本规定发布前未按上述规定处理的，应当进行追溯调整。